KB261532

한국노동자의 임금실태와 임금정책

민주노총 임금정책방향

한국노동자의 임금실태와 임금정책

민주노총 임금정책방향

김유선 지음

후마니타스

차례 한국노동자의 임금실태와 임금정책

제2부 임금정책

보론1. 노사정의 임금수준 정책 검토

보론2. 비정규직 고용에 대한 여섯 가지 신화

그림·표 차례

민주노조운동의 자랑스러운 조직 민주노총이 올해로 출범 열 돌을 맞이합니다.

민주노조운동은 1987년 전국에서 들불처럼 일어난 뒤 1995년 민주노총 출범, 1996~97년 노동법 개정을 위한 전국 총파업으로 숨 가쁘게 달려왔습니다. 정권의 폭압적인 노동탄압에 맞서 대동단결의 기치 아래 임금인상 및 노동조건 개선과 노동악법 철폐, 노동기본권 쟁취를 위해 투쟁해온 나날이었습니다.

오늘의 민주노조운동은 아래로부터 새로운 전환을 요구받고 있습니다. 정부와 자본의 일방적인 구조조정과 정리해고에 대항해 치열한 투쟁을 하는 사이, 비정규 노동자들이 전체 노동자 중 절반을 넘어섰으며 이들은 임금과 근로조건, 복지 등 모든 면에서 소외되고 배제되고 있는 것이 현실이기 때문입니다.

이미 다수가 되어버린 비정규 노동자들의 임금 및 노동조건 개선과 사회보장 확충을 위해 투쟁하지 않는다면, 민주노총은 더 이상 남성-대공장-정규직 노동자들의 이해만을 대변하는 조직이란 비난을 면키 어려운 상황에 처했습니다. 직접적인 원인이야 정부의 노동법 개악과 자본의 노동유연화 공세에 기인한 것이지만, 이를 제대로 방어하지 못한 민주노총의 책임을 평가하고 반성하는 것이 문제 해결의 출발점이 돼야 할 것입니다.

이 책은 민주노총의 핵심 과제인 비정규직의 정규직화와 차별철폐를 위해 연대임금정책을 모색하려는 염원에서 기획되고 진행되었습니다. 비정규 노동자들이 정규직보다 더 많이 일하고도 임금은 절반밖에 받지 못하는 현실을 개선하기 위해서입니다. 정규직-비정규직간 연대의 기반이 허물어진 상황에서 비정규직의 조직화는 한낱 꿈에 불과합니다. 임금투쟁의 정책적 과제로서 정규직−비정규직 임금격차 해소는 무엇보다 중요합니다.

임금이 어떤 기준에서 어떤 과정을 거쳐 어떤 수준으로 결정되는가 하는 것은 노자가 단지 얼마만큼의 물질적 필요를 획득하느냐 하는 데 국한되는 문제가 아닙니다. 어느 사회든 임금문제는 가장 중요한 생산자 집단으로서 노동이 차지하는 사회적 위상과 영향력, 그리고 해당 사회의 경제체제와 계급관계가 갖는 구조와 특성, 나아가 그 사회의 민주주의가 어떤 사회적 내용을 갖는가를 보여주는 가장 중요한 지표이기 때문입니다.

그러므로 오늘날 우리 사회에서 노동자의 임금실태가 어떠하고 민주노총의 임금정책이 어떤 방향과 목표를 가져야 하는가 라는 문제는 노동운동만의 과제가 아니라 한국 사회 전체의 관심사로 이해되어야 할 것입니다. 우리 사회가 보다 인간적인 토양을 발전시키기를 기대하고 한국 민주주의가 민중적 대의에 보다 튼튼한 기초를 갖게 되길 바라는 모든 사람들에게 이 책을 추천합니다.

끝으로 이 책의 출간을 위해 고생을 마다하지 않은 김유선 한국노동사회연구소 소장과 김태현 민주노총 정책기획실장께 감사의 인사를 드립니다.

2005년 3월
전국민주노동조합총연맹 위원장 이수호

최근 노동소득 분배구조가 빠른 속도로 악화되고 있다. 전체 취업자 대비 노동자 비중은 증가하고 있지만, 노동 소득분배율은 1996년(63.4%)을 정점으로 2003년에는 59.7%로 하락했다. 노동자 비중은 증가하고 있지만 노동자들의 임금 몫은 줄어들고 있는 것이다. 경제활동인구조사 부가조사에서 '하위 10% 대비 상위 10%' 임금배율은 2000년 4.9배에서 2003년 5.6배로 증가했다. 이것은 OECD 국가 중 임금소득 불평등이 가장 심한 미국(4.3배)보다 크게 높은 수치로, 그만큼 한국의 임금소득 불평등이 극심함을 의미한다.

이처럼 노동소득 분배율이 저하되고 임금소득 불평등이 확대되며 저임금 계층의 생활난이 가중됨에 따라, 민간소비가 위축되고 경기침체가 장기화되며 성장 잠재력이 잠식되고 있다. 또한 노사간 갈등이 증폭되고 생활범죄가 증가하며 민주주의의 지지 기반이 잠식되고 있다. 그럼에도 정부는 노동시장 내에서 발생하는 노동소득 분배구조의 악화를 기정사실로 받아들인 채, 사회적 안전망 구축 등 사후적 보완책에만 초점을 맞추고 있다.

그러나 ① 사회적 안전망 구축 등 사후적 보완책이 실효성을 가지려면 막대한 재정이 소요되고 단기적으로 그 효과가 가시화되기 어려우며, ② 현재 빠른 속도로 악화되고 있는 노동소득 분배구조를 방치한다면 수많은 노동자가 저임금과 빈곤의 덫에 빠져 설령 사회적 안전망이 구축된다 하더라도 그 수요를 감당하기 어려우며, ③ 노동소득이 요소국민소득(노동소득＋사업소득＋자산소득)의 60%를 차지하고 개인 또는 가구소득의 주요 원천임을 감안할 때, 이러한 정부 정책은 명백한 한계가 있다.

최근 노동소득 분배구조 악화는 일차적으로 정부의 '노동시장 유연화 정책'과 기업의 '비정규직 남용과 차별 심화'에서 비롯된다. 그럼에도 정부와 기업은 지금까지의 잘못된 정책과 관행을 고스란히 유지한 채, "비정규직 증가는 정규직의 고임금 등 노동시장 경직성에서 비롯된다"는 주장만 반복하고 있다. 그러나 이러한 주장을 뒷받침할 만한 근거는 발견되지 않는다. 실증분석 결과 "노동시장의 경직성(제도) 때문에 비정규직이 증가한 것이 아니라, 기업 또는 시장의 횡포를 제어할 최소한의 노동시장 경직성(제도)조차 결여되어 있기 때문에 비정규직이 증가했다. 대기업 정규직의 임금인상은 비정규직 증가를 가져오지 않았다"는 증거만 발견될 뿐이다.

"비정규직 문제를 해결하려면 정규직의 임금양보가 선행되어야 한다"는 주장 역시 19세기에 유행했던 낡은 '임금기금설'의 한 변종일 뿐이다. 노동자가 가져갈 몫은 정해져 있는데 비정규직이 극도로 낮은 임금을 받는 것은, 그만큼 정규직이 많이 가져갔기 때문이라는 것이다. 그러나 이러한 '임금기금설'이 타당성을 가지려면 적어도 노동소득 분배율이 하락하지 않았어야 한다. 그러나 취업자 대비 노동자 비중이 증가하고 있음에도 노동소득 분배율이 하락한 것은, 정규직 노동자들이 비정규직 몫을 떼어간 것이 아니라, 기업주들이 비정규직 몫을 떼어갔음을 말해 준다. 이에 대해 "기업주들이 비정규직 몫을 떼어간 것은 사실이지만 정규직도 생산성을 상회하는 임금인상으로 비정규직 몫 가운데 일부를 떼어갔다"는 반론이 있을 수 있다. 그러나 이러한 반론 역시 근거가 없다. 실증분석 결과 "정규직은 '경제성장률 + 물가상승률'에 근접하는 수준에서 임금인상이 이루어졌고 '생산성을 초과하는 임금인상'이 이루어지지 않았으며, 비정규직은 '경제성장률 + 물가상승률'에 크게 못 미치는 수준에서 임금인상이 이루어졌다"는 사실만 확인되기 때문이다.

그렇다면 '대기업 정규직 노동자들은 중소영세업체 비정규직 문제에 대해 아무런 책임이 없고 무관심해도 된다는 얘기냐' 는 반론이 있을 수 있다. 물론 그렇지 않다. 대기업 정규직에게도 책임은 있다. 그러나 가해자 내지 원인 제공자로서가 아니라, 당장 발등에 떨어진 불을 끄기에 급급한 나머지 상대적으로 무관심했거나, 힘이 모자라 정부와 재계가 주도한 비정규직 남용과 차별 확산을 막지 못한 책임이 있다. 비정규직 문제 해결에 관한 한 정부의 올바른 정책 의지를 기대할 수 없고, 비정규직 노동자들 스스로 자신을 보호할 역량을 갖추지 못한 상태에서, 이제 대기업 정규직 노동자들이 나서야 한다. 그것은 노동자 계급 내부적으로 통일 단결의 기반이 무너지고 이 나라 경제가 무너지는 것을 더 이상 방치할 수 없기 때문이다.

2004년에는 대기업 정규직 노조가 비정규직 문제 해결에 나서기 시작했음을 보여주는 많은 사례가 있었다. 금호타이어 등에서는 정규직 노조가 적극 나서 비정규직을 정규직으로 전환했고, 민주노총 집계에 따르면 2004년 9월 현재 단체교섭을 타결한 400개 노조 가운데 136개 노조(34%)에서 비정규직 정규직화와 차별 철폐, 균등대우, 비정규직 임금인상 등에 합의했다. 사회연대기금을 사회적 의제로 제기했고, 과거 어느 때보다 최저임금제에 대한 관심이 높았으며, 11월에는 비정규직 남용을 조장하는 정부 입법 예고안을 저지하기 위해 15만 명이 참여한 총파업 투쟁을 전개하기도 했다. 앞으로 한국 노동조합운동은 '계급적 단결' 과 '사회적 연대' 를 기치로 2004년의 성과를 한 단계 발전시켜 비정규직 남용과 차별을 막고 노동소득 분배구조를 개선하는 데 앞장서야 할 것이다.

노동소득 분배구조를 개선하기 위해서는 첫째, '비정규직 고용의 남용과 차별' 을 제어하는 방향에서 비정규직 관련 법제를 정비해야 한다. 특히 한국 사회에서 비정규직 문제는 대부분 상시적 일자리에 임시직(기간제)을 사용하는 데서 비롯되므로, 상시적 일자리에 임시직을 사용하는 일이 없도록 임시직(기간제)의 사용 사유와 기간을 제한하는 데 초점을 맞추어야 한다.

둘째, OECD(1998)는 "최저임금제는 임금소득 불평등을 완화하고, 노동자 가구의 빈곤을 축소하며 소득 분배구조를 개선한다. 여성, 파트타임 등 성인 노동에 대한 최저임금의 부정적 고용효과는 발견되지 않는다"고 결론짓고 있다. 그러나 우리나라에서 최저임금제는 그 수준이 비현실적으로 낮아, 본연의 목적인 '저임금 계층 일소, 임금격차 해소, 소득분배구조 개선'에 기여하지 못하고 있다. 따라서 극도의 저임금을 일소하고 노동소득 분배구조를 개선하기 위해서는 최저임금 수준을 현실화해야 한다.

셋째, 노동조합은 노동자 계급 내부적으로 형평성을 제고하는 방향에서 연대임금정책과 연대복지정책을 추진해야 한다. 그러나 '대다수 노동조합이 기업별로 조직되어 있고 교섭 또한 기업별로 이루어지며, 대기업과 중소기업 사이의 경제력 격차가 갈수록 확대되고 있는 상태에서, 대기업 정규직의 임금인상 자제가 중소영세업체 비정규직의 임금인상으로 이어진다는 보장이 없다. 오히려 중소영세업체 비정규직의 더 낮은 임금인상으로 이어질 가능성이 높다'는 점에서 딜레마가 있다. 정부와 재계는 대기업 정규직의 임금인상 자제를 강조하기에 앞서, 노동조합의 연대임금정책 추진이 중소영세업체 비정규직의 임금인상으로 이어질 수 있는 제도적 장치부터 마련해야 한다. 이에 대한 검토 없이 대기업 정규직의 임금인상 자제만 강조하는 것은 그 주장의 진실성을 의심하게 할 뿐이다.

넷째, 노동자들의 숙련과 임금·승진을 연계하는 숙련지향적 임금·인사제도를 마련해야 한다. 교육훈련시스템과 연계된 숙련지향적 임금·인사제도를 통해 노동자들의 숙련을 향상하고, 숙련을 임금·승진과 연계하여 동일숙련 동일

처우를 실현함으로써, 노동시장 내에서 노동자들의 지위를 개선해야 한다. 이러한 숙련지향적 임금·인사제도는 노사정 3자로 구성된 산업별 교육훈련위원회가 교육훈련 프로그램의 개발·실행·평가를 담당하고, 산별교섭을 통하여 숙련등급에 따른 임금률을 정하고, 이에 따라 해당 산업 노동자들의 임금이 결정될 때 최종적으로 실현 가능하다.

그런데 단순노무직은 노사 모두 숙련형성의 필요성을 느끼지 않는 경우가 많다. 단순노무직은 보조적인 업무에 종사하고 있어 숙련형성에 근본적인 제약이 있다. 입사 당시 부여받은 하위직급에서 상위직급으로의 승진이 쉽지 않고, 설령 숙련형성에 따른 직군 전환 가능성을 열어 놓는다 하더라도 해당자는 극소수가 되기 십상이다. 이에 따라 단순노무직은 근속에 따른 임금인상 효과가 부각되고, 이것은 다시 기업으로 하여금 단순노무직을 아웃소싱하거나 비정규직으로 대체하는 유인으로 작용하고 있다. 따라서 단순노무직은 생활급을 보장받기 위해 근속에 따른 임금격차를 높이기보다는, 직무급 등을 통해 초임수준을 높이고 근속에 따른 보상을 줄이는 것이 바람직하다. 능력이나 실적에 따라 임금이 결정되는 서비스판매직 역시 능력이나 실적에 관계없이 생활급을 보장받을 수 있도록 임금체계를 개선해야 한다.

다섯째, OECD(2004)는 "노조 조직률과 단체협약 적용률이 높을수록, 단체교섭이 집중적이고 조정이 원활할수록 임금소득 불평등이 낮다"는 결론을 제시하고 있다. 노동조합은 기업별 노조 체제를 극복하고 산업별 노조로 조직형태를 전환하며, 중소영세업체 비정규직 노동자를 조직하는 등 노동조합 조직률을 제고하기 위한 노력을 기울여야 한다. 또한 극도로 분권화되어 있는 기업별 교섭체제를 극복하고 산별교섭, 중앙교섭을 활성화하여 '중앙-산업, 지역-기업'을 잇는 중층적 노사관계를 구축해야 한다. 이를 위해 정부는 기업별 노조와 교섭체제를 전제로 작성된 현행 노동조합법상의 관련 조항을 정비하고, 중층적 노사관계를 구축하기 위한 제도개선 방안을 마련해야 한다.

여섯째, 노동조합이 조직률을 제고하기 위한 노력을 집중적으로 기울인다 하더라도 현행 노사관계 제도에서는, 앞으로도 상당 기간 '노조 조직률 10%대'의 벽을 넘어서기 어렵다. 그것은 지난 40년 동안 한국의 노조 조직률이 10%대를 넘어선 적이 없기 때문이다. 따라서 전체 노동자의 80~90%에 달하는 미조직 노동자를 보호하기 위해서는, 기존의 사업장 내 단체협약 효력확장 제도를 활용함과 동시에, 산업별 단체협약 효력확장 제도를 신설하고 지역적 구속력 조항을 개정해야 한다. 기존의 사업장 내 단체협약 효력확장 조항을 제대로 활용한다면 사업장 내 직접 고용 비정규직의 차별은 상당 부분 해소될 수 있을 것이며, 산업별 단체협약 효력확장 조항을 신설한다면 '대기업 정규직과 중소영세업체 비정규직' 사이의 차별 역시 상당 부분 해소될 수 있을 것이다.

이 책은 민주노총 정책실이 주최한 임금정책 토론회(2004년 12월 15일)에서 발표한 "민주노총 임금정책 방향"과 민주노총 법률원이 주최한 비정규직 토론회(2004년 10월 6일)에서 발표한 "비정규직 고용에 대한 여섯 가지 신화"를 단행본으로 묶은 것이다. 출판계의 어려운 현실과 노동관련 서적에 대한 무관심 속에서도 흔쾌히 출간을 허락해 주신 도서출판 후마니타스에 감사드린다. 아무쪼록 이 책이 저임금 노동자들의 생활조건을 개선하고 노동소득 분배구조를 개선하는 데 일조할 수 있기를 바란다.

2005년 3월
한국노동사회연구소 소장 김유선

제1부 **임금실태**

제1장 임금수준

1 임금수준

우리나라에서 임금통계는 '10인 이상 사업체 상용직'[1]을 조사 대상으로 하는 노동부의 '매월노동통계조사'를 주로 사용하고 있다. 그러나 임시일용직이 전체 노동자의 절반을 넘어서고, 기업 규모 및 고용형태별 임금격차가 확대되면서, '매월노동통계조사'는 전체 노동자의 임금실태를 반영함에 있어 갈수록 한계를 드러내고 있다. 따라서 전체 노동자의 임금실태를 올바르게 파악하고 그에 걸맞는 적절한 임금정책을 수립하기 위해서는 별도의 임금조사가 필요한데, 현재로는 한국은행 '국민계정'에서 피용자보수총액을 구한 뒤 통계청 '경제활동인구조사'에서 임금노동자 수로 나누어 구하는 방법이 가능하다.

먼저 노동부 '매월노동통계조사'에서 월평균 명목임금수준을 살펴보면, 1998년 한 해를 제외하면 매년 증가해 1995년 122만 원에서 2003년 223만 원으로 증가했다. 그러나 한국은행 '국민계정'에서 계산한 피용자 1인당 월 보수총액은 외환위기 이후 증가세가 둔화되어 1995년 121만 원에서 2003년 184만 원으로 증가하는 데 머물렀다. 이처럼 전체 노동자 임금과 10인 이상 사업체 상용직 임금

---

1   1999년부터 5인 이상 사업체 상용직으로 조사대상이 확대되었으나, 시계열 자료의 연속성을 위해 10인 이상 사업체로 한정하여 분석한다.

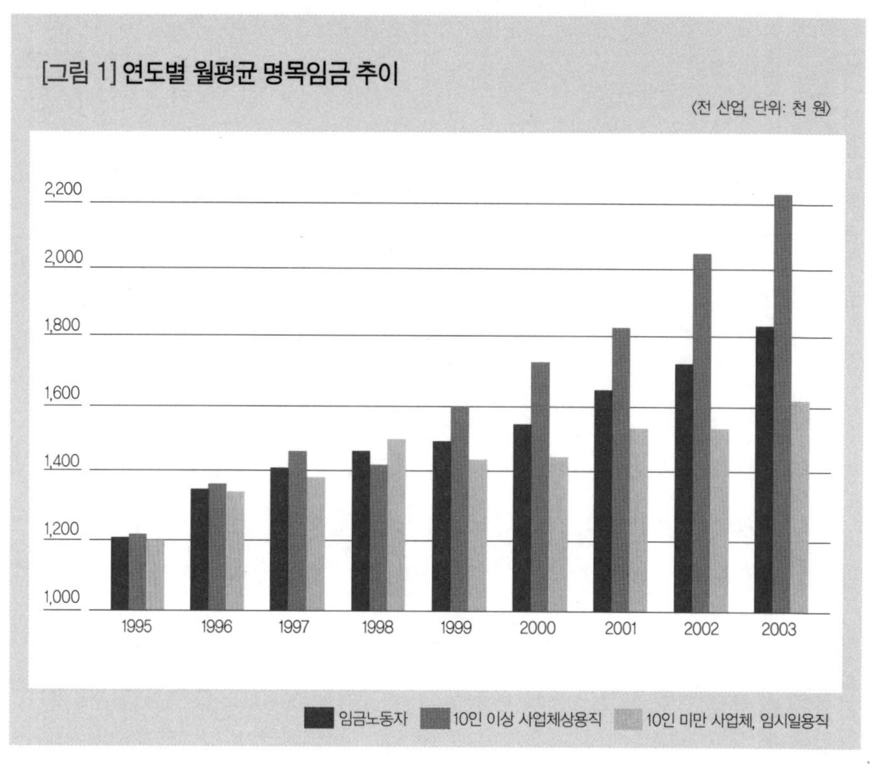

사이의 차이가 확대된 것은(2003년 39만 원), '임시일용직과 10인 미만 사업체 상
용직' 노동자의 임금이 1995년 120만 원에서 2003년 161만 원으로 소폭 인상된
데 기인한다([그림 1] 참조).

　더욱이 물가상승률을 고려한 실질임금수준을 살펴보면, '임시일용직과 10
인 미만 사업체 상용직' 노동자들의 실질임금은 1999~2003년 144~148만 원으로
제자리 걸음을 하고 있고, 외환위기 직후인 1998년(155만 원) 수준을 아직 회복하
고 있지 못하다. 이에 따라 전체 노동자들의 실질임금은 2003년 166만 원으로
1996년(157만 원)보다 9만 원 상승에 그치고 있다([그림 2] 참조).

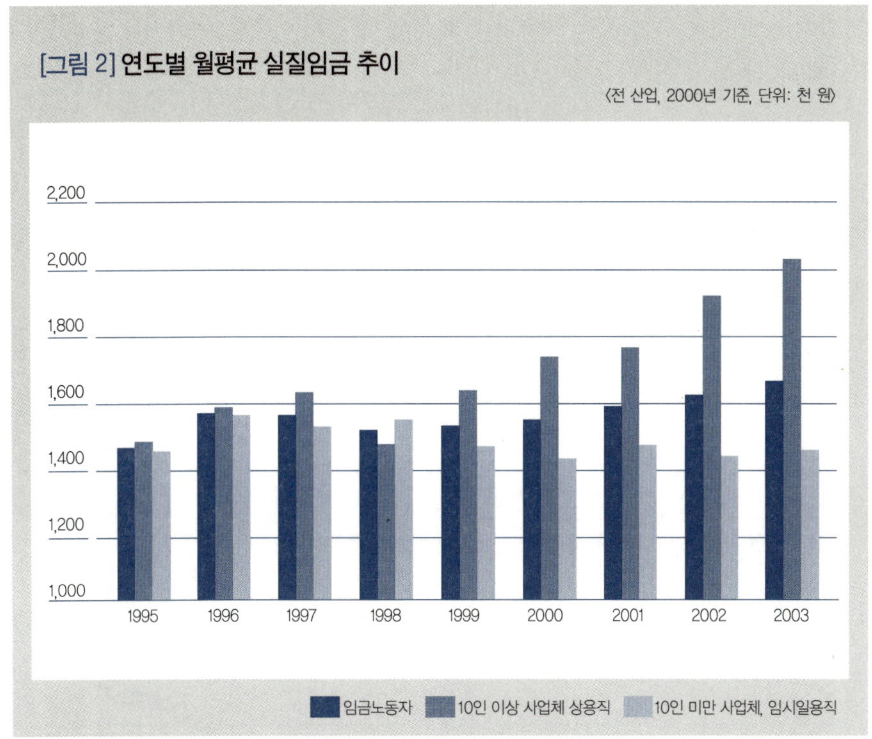

전체 노동자들의 실질임금은 2003년 166만 원으로 1996년(157만 원)보다 9만 원 상승한 데 그치고 있다.

2 │ 임금과 노동자생활

도시근로자 가구당 월평균 가계지출과 소득은 1998년 한 해를 제외하면 매년 증가하고 있다. 그러나 1990~97년에는 6~12만 원이던 가계수지 흑자가 1998년(5만 원)에는 감소했고, 1999~2001년에는 적자를 기록했으며, 2002년 이후 흑자로 돌아섰지만 외환위기 이전 수준을 회복하고 있지는 못하다. 이 밖에 가계지출과 근로소득 사이의 격차는 1990년 8만 원에서 2003년 40만 원으로 확대되었고, 가계지출과 가구주 근로소득 사이의 격차는 1990년 20만 원에서 2003년 83만 원으로 확대되었다. 가장의 월급만으로는 가계지출의 2/3밖에 충당할 수 없게 된 것이다([그림 3] 참조).

가구소득 계층별로 1~6분위 계층은 가계수지 적자폭이 확대되고, 7~9분위 계층은 외환위기 이전보다 흑자폭이 감소한 데 비해, 10분위 계층은 흑자폭이 크게 증가했다. 이것은 최상위 10% 계층만 가계수지가 개선되었을 뿐, 대다수 근로자 가구의 가계수지는 갈수록 악화되고 있음을 말해준다([그림 4] 참조).

가계지출 항목별로는 외환위기 당시 28.4%까지 치솟았던 주거비 비중은 점차 감소하고, 1990년대 초중반에는 감소하던 식료품비 비중이 1998~2003년에는

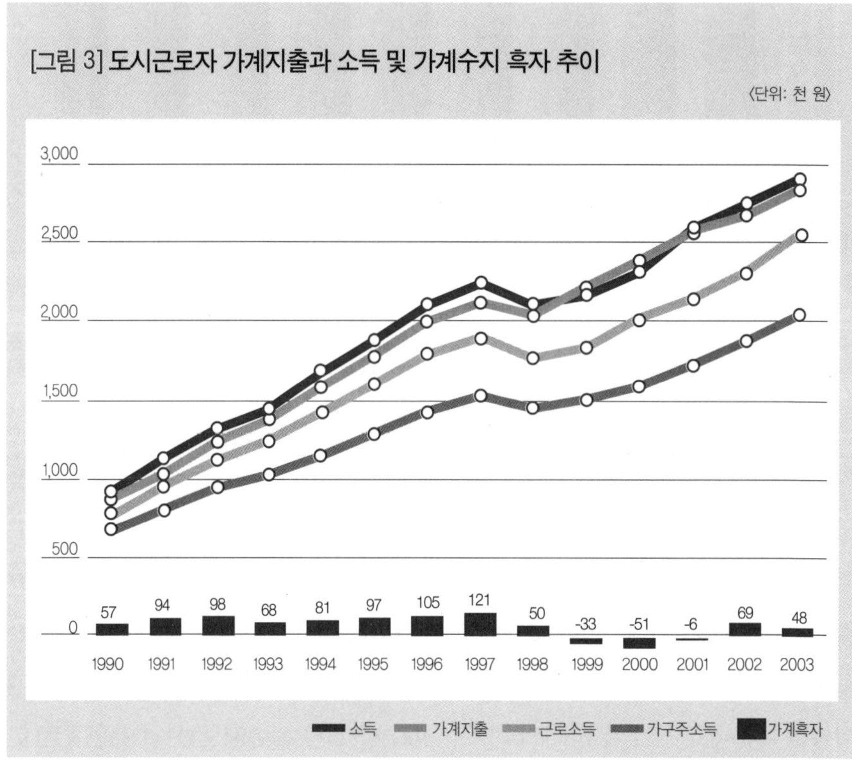

[그림 3] 도시근로자 가계지출과 소득 및 가계수지 흑자 추이

제자리 걸음(17~18%)을 하고 있다. 이에 비해 세금·사회보험 등 비소비지출과 교통통신비, 교육비 비중은 계속 증가하고 있다([그림 5] 참조).

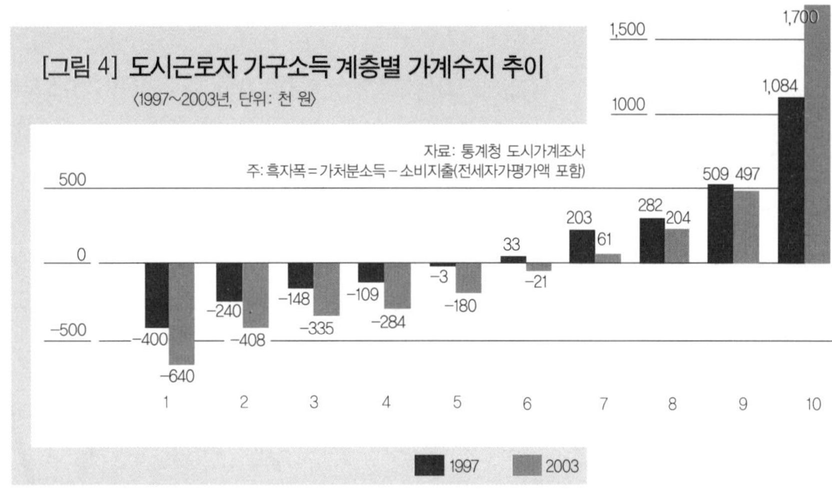

[그림 4] 도시근로자 가구소득 계층별 가계수지 추이

〈1997~2003년, 단위: 천 원〉

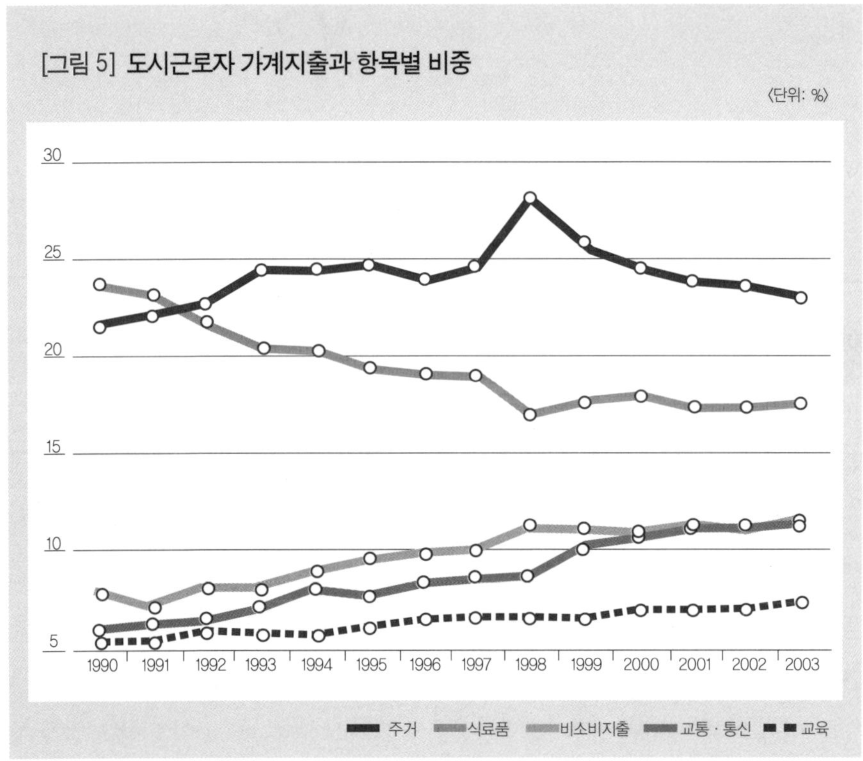

[그림 5] 도시근로자 가계지출과 항목별 비중

〈단위: %〉

최상위 10% 계층만 가계수지가 개선되었을 뿐, 대다수 근로자 가구의 가계수지는 갈수록 악화되고 있다.

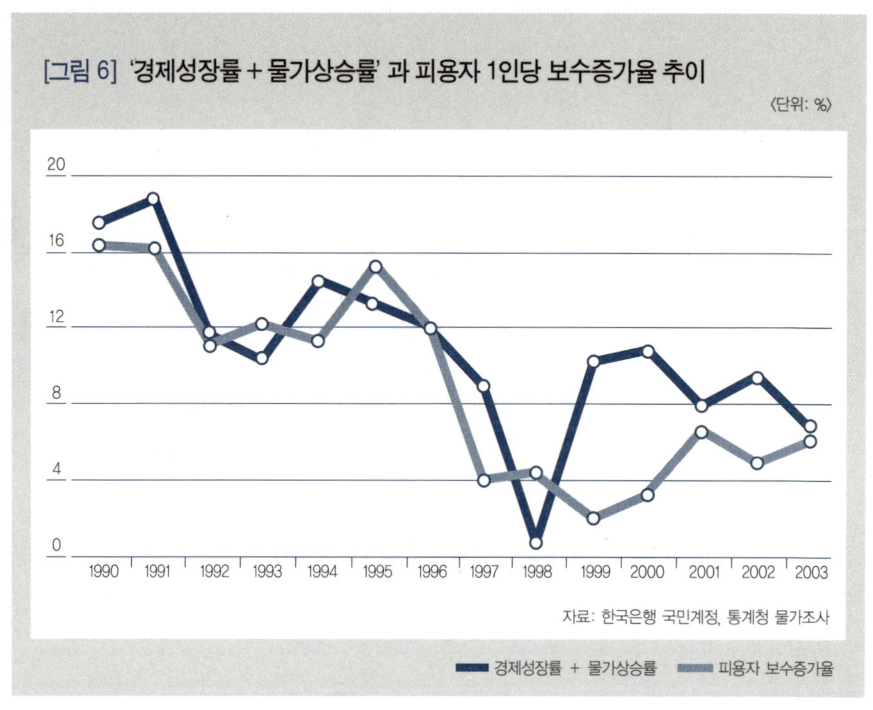

1990년을 100으로 지수화하면 2003년 현재 '경제성장률＋물가상승률'은 360, '피용자 1인당 보수'는 283으로, 지난 10여 년간 경제성장에 못 미치는 임금인상이 이루어졌다.

3 | 임금과 생산성

1990년 이후 '경제성장률 + 물가상승률' 과 '피용자 1인당 보수 증가율' 을 비교하면, 1993년과 1995년, 1998년 세 해를 제외하면 '피용자 1인당 보수 증가율' 이 매년 '경제성장률 + 물가상승률' 에 못 미쳤다. 1990년을 100으로 지수화하면 2003년 현재 '경제성장률 + 물가상승률' 은 360, '피용자 1인당 보수' 는 283으로, 지난 10여 년간 경제성장에 못 미치는 임금인상이 이루어졌다([그림 6] 참조).

이에 비해 1990년 이후 '경제성장률 + 물가상승률' 과 '10인 이상 사업체 상

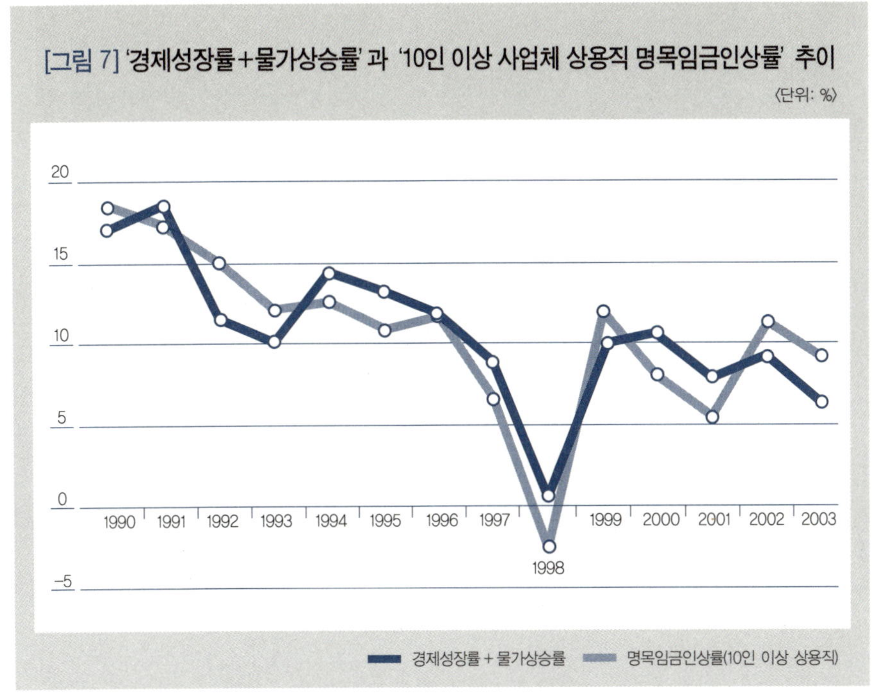

[그림 7] '경제성장률＋물가상승률'과 '10인 이상 사업체 상용직 명목임금인상률' 추이

<단위: %>

10인 이상 사업체 상용직은 경제성장에 근접하는 임금인상이 이루어졌지만, 10인 미만 사업체와 임시일용직은 경제성장에 크게 못 미치는 임금인상이 이루어졌다.

용직 명목임금인상률'을 비교하면, 1990년, 1992~93년, 1999년, 2002~03년 6년은 명목임금인상률이 '경제성장률 + 물가상승률'을 상회했고, 나머지 8년은 명목임금인상률이 '경제성장률 + 물가상승률'에 못 미쳤다. 1990년을 100으로 지수화하면 2003년 현재 '경제성장률 + 물가상승률'은 360이고, '10인 이상 사업체 상용직 명목임금'은 347로 엇비슷하다([그림 7] 참조). 따라서 10인 이상 사업체 상용직은 대체로 경제성장에 근접하는 임금인상이 이루어졌지만, 10인 미만 사업체와 임시일용직은 경제성장에 크게 못 미치는 임금인상이 이루어졌음을 알 수 있다.

생산성본부는 광업, 제조업, 전기업을 대상으로 매분기 생산성 통계를 작성

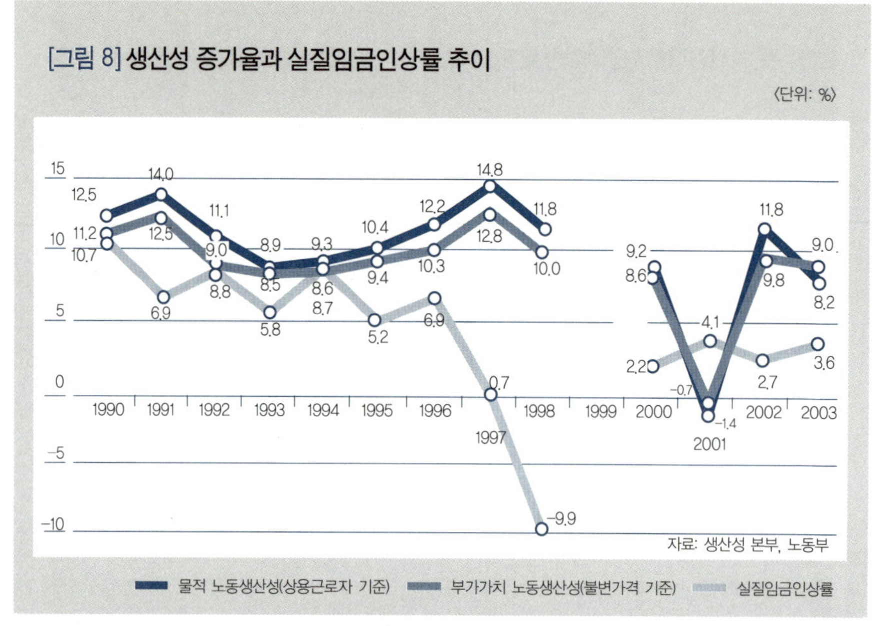

[그림 8] 생산성 증가율과 실질임금인상률 추이

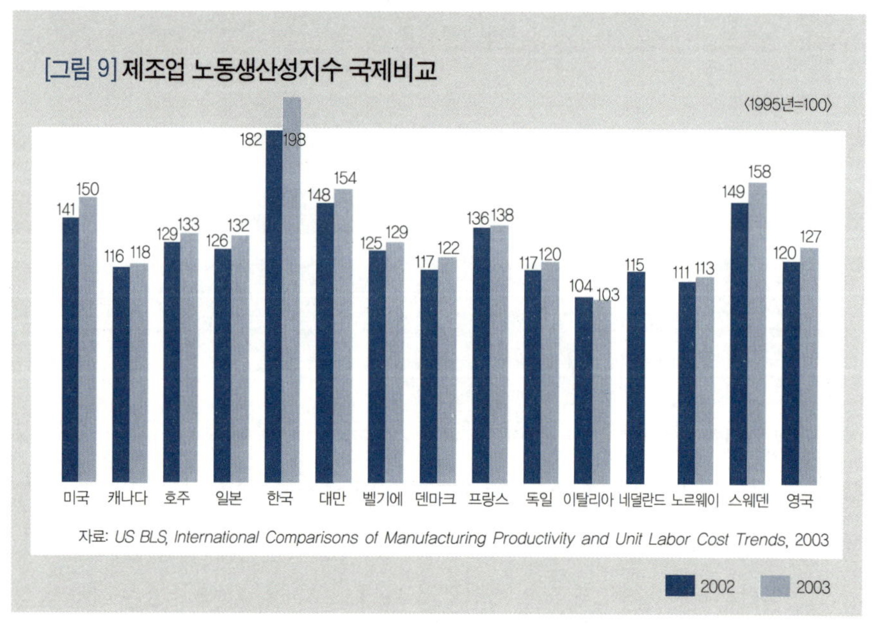

[그림 9] 제조업 노동생산성지수 국제비교

해서 발표하고 있다. 1990년 이후 제조업 생산성 증가율과 실질임금 상승률을 비교하면, 2001년 단 한 해를 제외하면 매년 실질임금 상승률이 생산성 증가율에 크게 못 미친다. 제조업에서는 '10인 이상 사업체 상용직'으로 비교대상을 제한하더라도 '생산성에 크게 못 미치는 임금인상'이 이루어진 것이다.[2]

　　미국 노동성이 조사한 제조업 노동생산성지수를 살펴보면, 1995년을 100으로 할 때 한국은 2002년 182, 2003년 198로 비교대상 15개국 가운데 가장 높다. 전년 대비 증가율을 살펴보더라도 2002년 9.8%, 2003년 9.0%로 가장 높다([그림 9] 참조).

4 | 임금과 국제경쟁력

미국 노동성이 조사한 2002년 현재 주요 30개국의 제조업 생산직 시간당 보수비용[3]을 살펴보면 노르웨이(27.1달러)가 가장 높고, 덴마크(25.2달러), 독일(24.3달러)이 다음으로 높다. 한국의 시간당 보수비용은 9달러로 30개국 가운데 21위이며, 노르웨이의 1/3에 불과하다([그림 10] 참조).

　　미국 노동성이 조사한 2003년 현재 주요 15개국의 제조업 단위노동비용지수[4]

2　[그림 8]에서 시계열에 단절이 생기는 것은 1998년까지 10인 이상 사업체를 대상으로 생산성지수를 작성하던 생산성본부가 1999년부터 5인 이상 사업체로 대상을 확대했기 때문이다.

3　시간당 보수비용은 미국 노동성이 각국 노동통계를 이용하여 작성한 수치로, '매월노동통계조사'의 임금총액에 '기업체노동비용조사'에서 부가급여(노동비용 중 모집비, 교육훈련비 등 일부 항목 제외)를 더한 것이다.

[그림 10] 제조업 생산직 노동자 시간당 보수비용 국제비교

〈2002년, 단위: 미국 달러〉

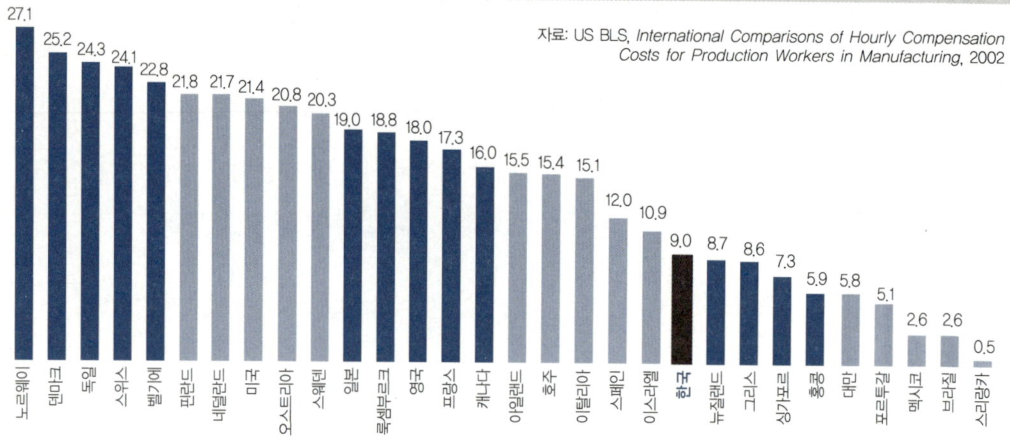

[그림 11] 제조업 단위노동비용지수 국제비교

〈미국 달러 기준, 1995년=100〉

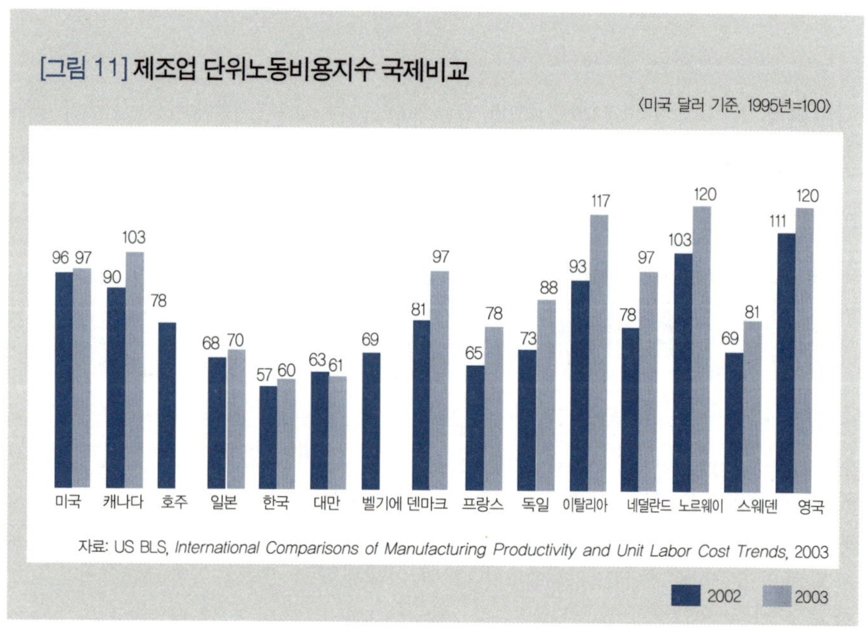

를 살펴보면, 1995년을 100으로 할 때 영국과 노르웨이가 120으로 가장 높고, 다음으로는 이태리(117), 캐나다(103), 미국(97), 덴마크(97) 순으로 높다. 이에 비해 한국(60)은 대만(61)과 함께 가장 낮다. 한국 제조업의 국제경쟁력이 크게 높아진 것이다([그림 11] 참조).

5 │ 임금과 지불능력

1990년 이후 제조업의 영업이익률(영업이익[5]/매출액 100)은 매년 5.5~8.3%를 오르내리고 있다. 경제위기 국면인 1998년에도 영업이익률은 6.1%였고, 2003년에는 6.9%를 기록했다. 이에 비해 경상이익률(경상이익[6]/매출액 100)은 1990~95년에는 1.5~3.6%를 오르내리다가, 1996~98년에는 −1.8~1.0%로 크게 악화되었다. 이것은 금융비용, 환차손 등 영업외 비용이 막대했기 때문인데, 2002~03년에는 기업 재무구조가 개선되고 환율과 금리가 안정되면서 4.7%를 기록하는 등 경상이익률이 크게 개선되고 있다.

그런데 외환위기 이후에도 지속적으로 영업이익률이 높은 수준을 유지할 수

---

4   단위노동비용지수(미국 달러 기준)는 상품의 국제경쟁력을 나타내는 하나의 지표로서 임금 또는 보수비용(미국 달러 기준)에 비해 노동생산성을 고려한 임금의 비교라는 장점이 있다. '단위 노동비용지수(미국 달러 기준)= (명목임금지수/대미환율지수/실질노동생산성지수) 10,000' 으로 계산한다.

5   영업이익 = 매출액−정상적인 생산 및 영업활동에서 소요된 제 비용

6   경상이익 = 영업이익 + 영업외 수익−영업외 비용

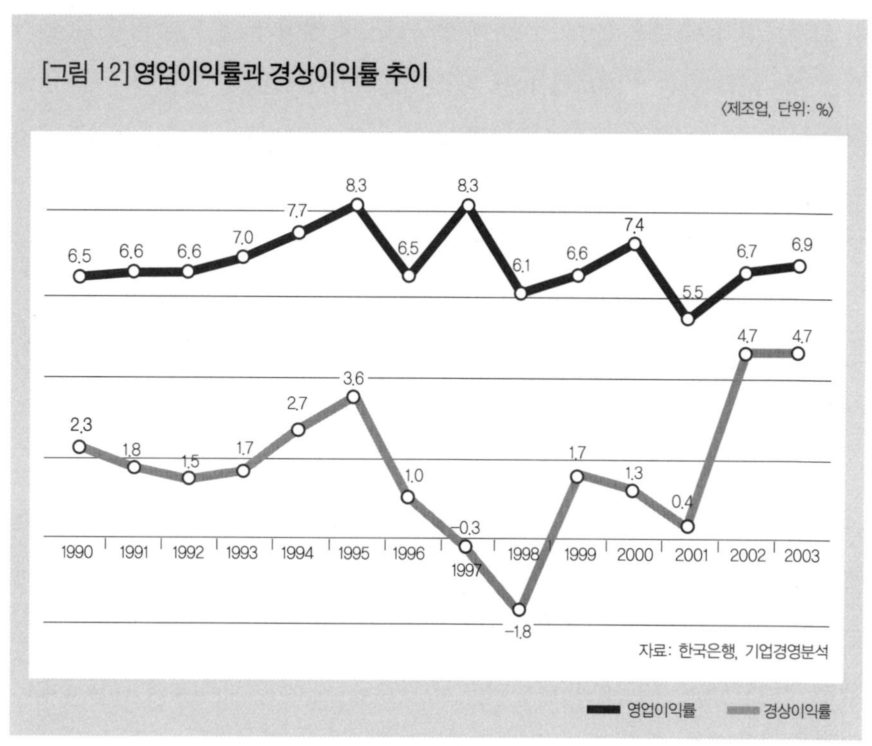

[그림 12] 영업이익률과 경상이익률 추이

있었던 것은, 고용조정과 임금조정에 따른 인건비의 대폭 삭감 때문에 가능했다. [그림 13]에서 매출액 대비 인건비 비중은 1990~96년에는 12~14%이었으나, 1997년에는 11.4%, 1998년에는 9.8%로 하락했고, 경기가 회복된 1999년 이후에도 10% 안팎에 머물고 있다. 이에 따라 1998년 이후 우리나라 제조업의 매출액 대비 인건비 비중은 1970년대 이래 가장 낮은 수준을 기록하고 있다.

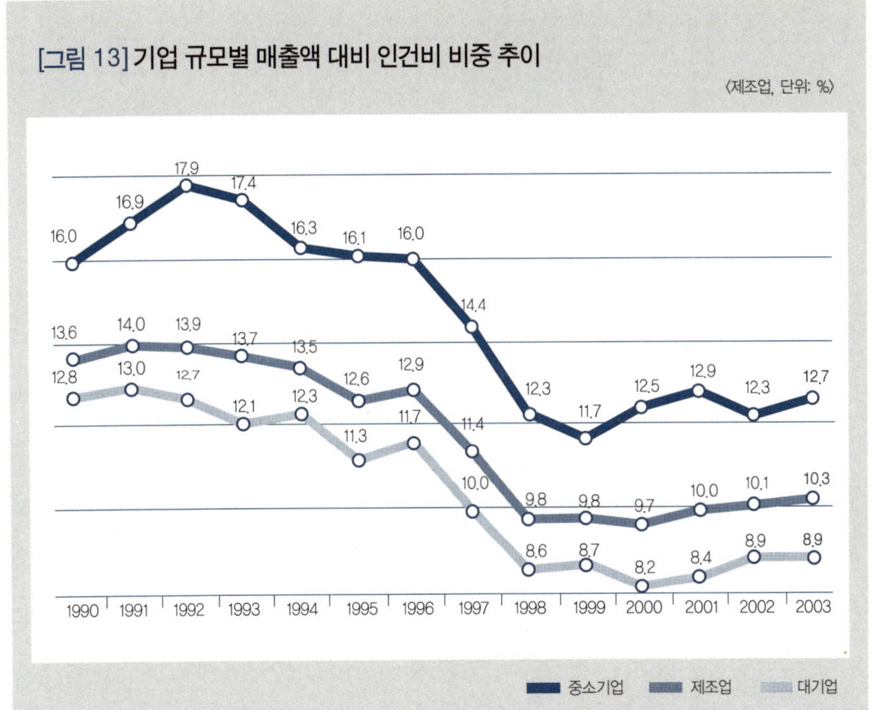

외환위기 이후에도 영업이익률이 높은 수준을 유지할 수 있었던 것은, 고용조정과 임금조정에 따른 인건비의 대폭 삭감 때문에 가능했다.

<h1 style="text-align:center">제2장 임금구성과 임금지급 형태</h1>

1 | 임금구성

노동부 '매월노동통계조사'에서 1994년 1사분기부터 2004년 2사분기까지 임금 구성 항목별로 임금 상승률 추이를 살펴보면, 정액급여 상승률은 최저 1.1%, 최고 13.4%로 상대적으로 안정적이지만, 초과급여 상승률은 최저 −18.2%, 최고 33.6%, 특별급여 상승률은 최저 −33.8%, 최고 47.1%로 경기변동에 매우 민감하다. 이것은 노동자의 안정적 생활을 위해서는 정액급여 비중을 높이는 것이 중요함을 의미하는데, 임금동결 또는 삭감이 광범하게 이루어진 1998년에도 정액급여 상승률이 (+)인 것은, 인력감축이 하위직급 중심으로 이루어졌고, 호봉승급 등의 영향으로 개별임금이 일부 상승한 데 기인하는 것으로 해석된다([그림 14]참조).

[그림 15]에서 기업 규모가 클수록 임금총액이 많고, 임금구성 내역별로도 통상적 수당, 기타수당, 특별급여, 초과급여 모두 기업 규모에 비례하여 증가하고 있다. 특히 특별급여는 '30인 미만' 기업체는 기본급의 10%대인 데 비해, '500인 이상 기업체'는 기본급의 50%를 상회하는 등 그 격차가 매우 크다. 이에 비해 기본급은 1,000인 미만 기업체는 모두 100~110만 원 수준으로 그 격차가 크지 않다. 이것은 기업 규모별 임금격차가 기본급보다는 주로 제 수당과 특별급여, 초과급여에서 발생하고 있음을 말해준다.

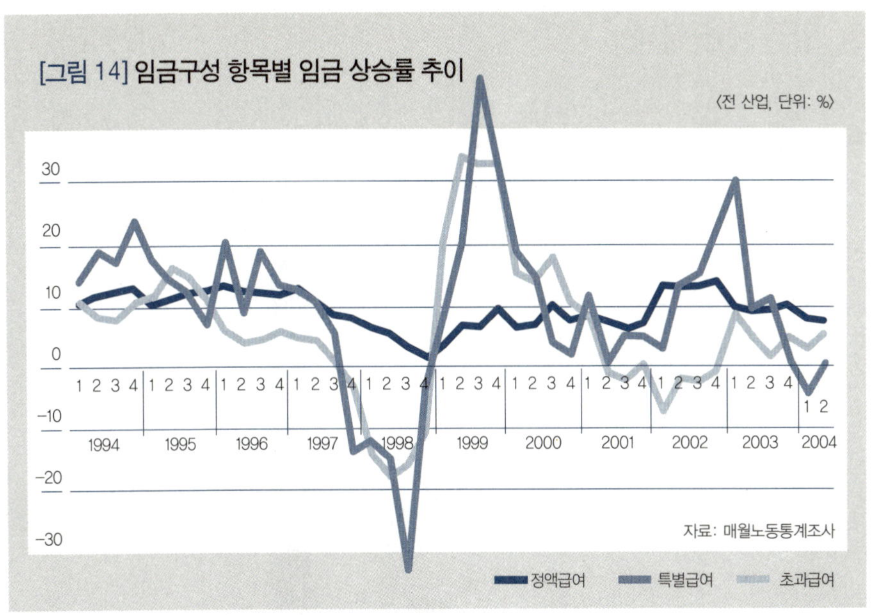

[그림 14] 임금구성 항목별 임금 상승률 추이

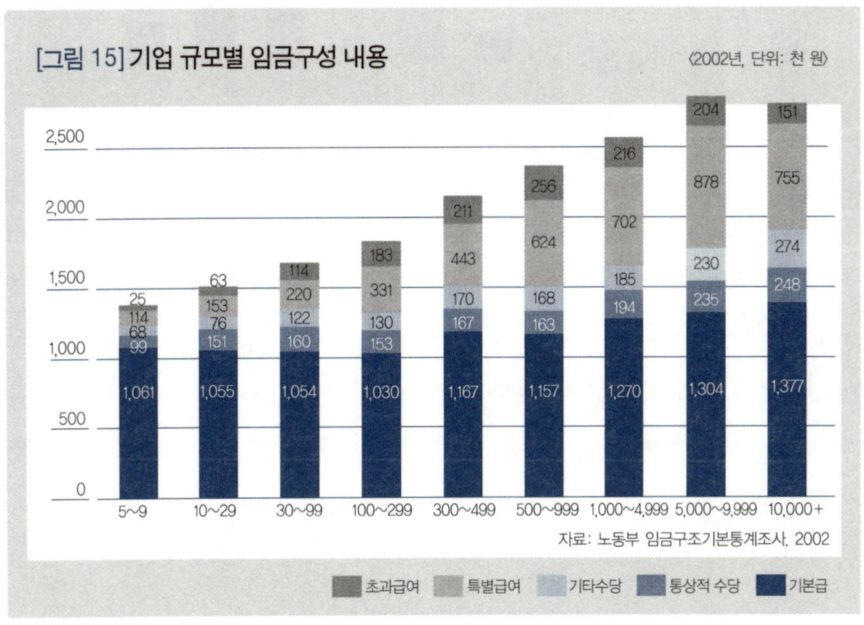

[그림 15] 기업 규모별 임금구성 내용

기업 규모별 임금격차는 기본급보다는 주로 제 수당과 특별급여, 초과급여에서 발생하고 있다.

2 | 임금지급 형태

통계청 경제활동인구조사 부가조사(2004년 8월)에서 임금지급 형태를 살펴보면, 월급제(65.0%)가 가장 많고, 다음으로는 일급제(13.4%), 연봉제(11.2%), 실적급제(5.5%), 시급제(4.3%) 순이다. 그러나 노동부 임금구조기본통계조사에서 연봉제 적용 비율을 살펴보면, 1997년 1.8%에서 2003년 23.0%에 이르기까지 매우 빠른 속도로 증가하고 있다.

2004년 현재 임금지급 형태는 월급제, 일급제, 연봉제, 실력급제, 시급제 순이지만 연봉제가, 1997년 1.8%에서 2003년 23.0%로 매우 빠르게 증가하고 있다.

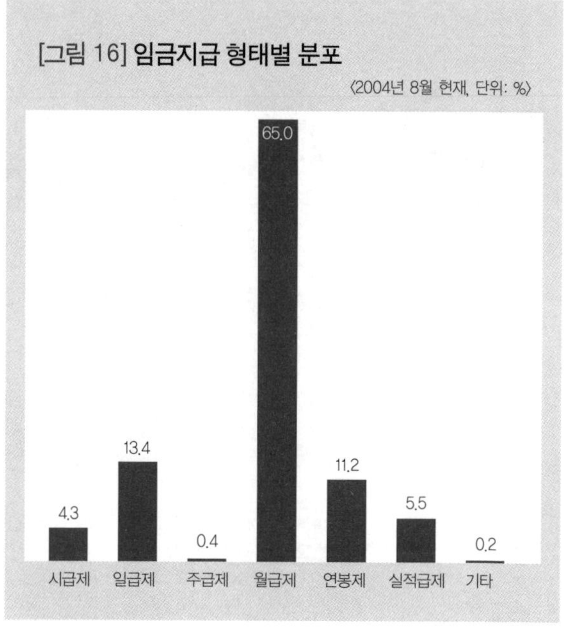

〈표 1〉은 통계청 경제활동인구조사 부가조사(2004년 8월)에서 임금지급 형태가 연봉제인가 아닌가를 종속변수로 하여, 연봉제 적용에 미치는 영향 요인을 로짓 분석한 결과이다. '민간부문(광공업과 민간서비스업), 사무관리전문직, 남성, 정규직, 고임금, 고학력, 청년층(25~34세)' 일수록 연봉제가 적용될 확률이 높고, 노조 유무는 통계적으로 유의미한 영향을 미치지 못하지만, 노조 조합원은 연봉제가 적용될 확률이 낮다는 사실을 확인할 수 있다.

〈표 1〉 연봉제 적용에 영향을 미치는 요인 로짓 분석 결과

종속변수 : 연봉제 여부		모형 1	모형 2
인 적 속 성	여성	−0.43 (0.07) ***	−0.44 (0.07) ***
	기혼	0.08 (0.09)	0.07 (0.09)
	학력	***	***
	고졸	0.18 (0.18)	0.18 (0.18)
	전문대졸	0.79 (0.19) ***	0.78 (0.19) ***
	대졸 이상	0.91 (0.19) ***	0.90 (0.19) ***
	연령	−0.09 (0.03) ***	−0.09 (0.03) ***
	연령제곱	0.00 (0.00) *	0.00 (0.00) *
	근속년수	0.02 (0.02)	0.03 (0.02)
	근속제곱	−0.00 (0.00) **	−0.00 (0.00) ***
일자리 속 성	대산업	***	***
	공공서비스업	−1.02 (0.09) ***	−1.00 (0.09) ***
	민간서비스업	−0.05 (0.08)	−0.06 (0.08)
	농림어업건설업	−0.50 (0.12) ***	−0.53 (0.12) ***
	대직종	***	***
	관리전문직	1.11 (0.11) ***	1.05 (0.11) ***
	사무직	1.00 (0.11) ***	0.96 (0.11) ***
	서비스판매직	−0.35 (0.16) *	−0.40 (0.16) *
	단순노무직	−0.34 (0.19)	−0.35 (0.19)
임금수준	로그시간당임금	0.84 (0.06) ***	0.87 (0.06) ***
노사관계	노조 있음	0.09 (0.07)	
	노조 조합원		−0.36 (0.09) ***
고용형태	비정규직	−0.26 (0.07) ***	−0.30 (0.07) ***
상수		−7.62 (0.68) ***	−7.68 (0.68) ***
N		25313	25313
모델 χ^2 (자유도)		2029.83 *** (19)	2044.11 *** (19)
−2 LL		7932.18	7917.90
Nagelkerke R^2		0.26	0.27

자료: 통계청, 경제활동인구조사 부가조사(2004년 8월)

주:　1) ( )안은 표준오차. *는 5%, **는 1%, ***는 0.1% 유의수준에서 유의미.
　　2) 학력은 중졸 이하, 산업은 광공업, 직종은 생산직 기준임.

1 | 남녀별 임금격차

노동부 '매월노동통계조사'에서 남녀별 임금격차는 외환위기 직후인 1998년까지 계속 축소되다가, 그 뒤로는 63% 안팎에서 제자리 걸음을 하고 있다.

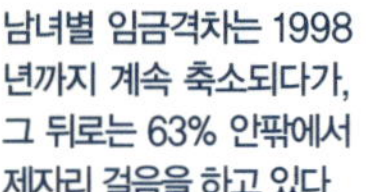

남녀별 임금격차는 1998년까지 계속 축소되다가, 그 뒤로는 63% 안팎에서 제자리 걸음을 하고 있다.

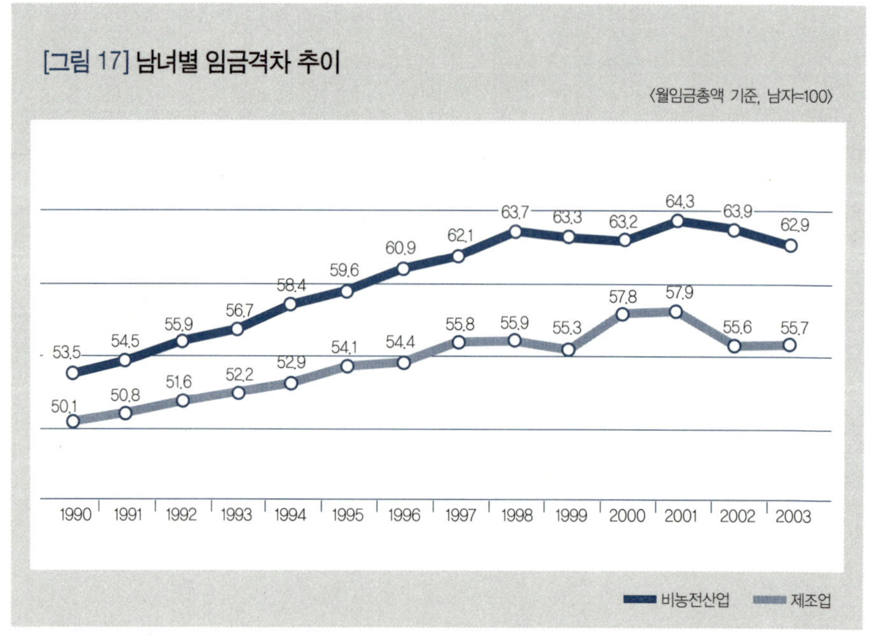

[그림 17] 남녀별 임금격차 추이

고용형태별 임금격차

통계청 '경제활동인구조사 부가조사'에서 정규직을 100으로 할 때 비정규직 임금은 2000년 8월 53.7%에서 2004년 8월 51.9%로 고용형태별 임금격차가 확대되고 있다. 특히 비정규직 고용이 여성에 집중되어 있음을 감안하여 성별 고용형태별 임금격차를 살펴보면, 남자 정규직을 100으로 할 때 남자 비정규직은 57, 여자 정규직은 68, 여자 비정규직은 37로 그 격차가 매우 크다.

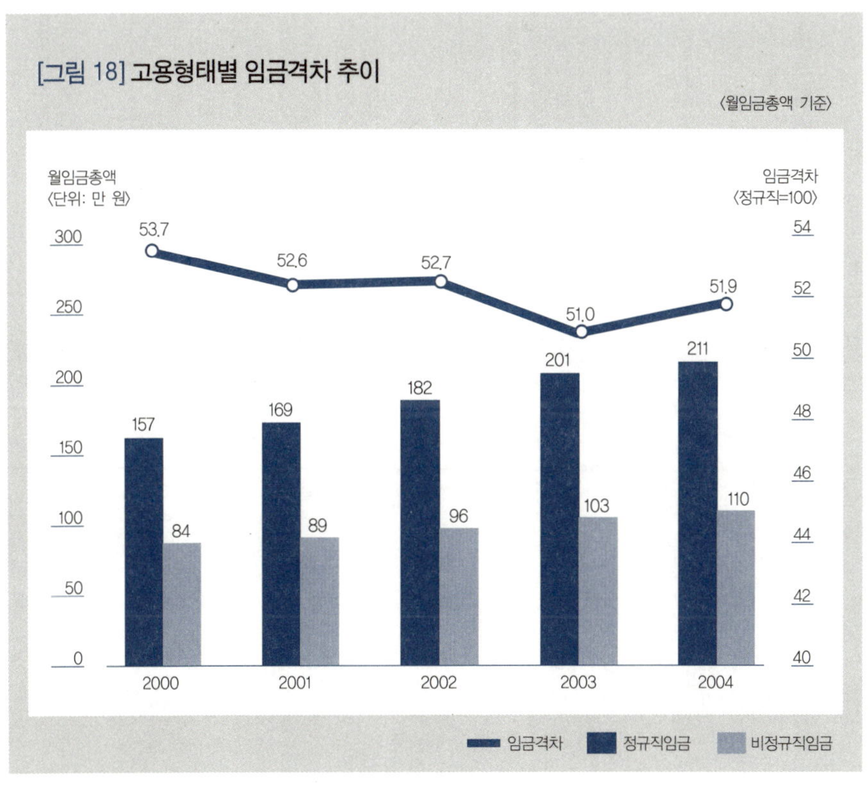

[그림 18] 고용형태별 임금격차 추이

〈월임금총액 기준〉

남자 정규직을 100으로 할 때 남자 비정규직은 57, 여자 정규직은 68, 여자 비정규직은 37로 그 격차가 매우 크다.

성별 고용형태별 연령계층별 임금수준은, 남자 정규직은 45~49세(282만 원)를 정점으로 하락하고, 여자 정규직은 35~39세(182만 원)를 정점으로 제자리 걸음을 하다가 50대 후반부터 150만 원 미만으로 하락하고 있다. 이에 비해 남자 비정규직은 35~44세(162만 원), 여자 비정규직은 25~29세(107만 원)를 정점으로 하락하고 있다. 이에 따라 연령이 증가할수록 성별 고용형태별 임금격차는 확대되고 있다.

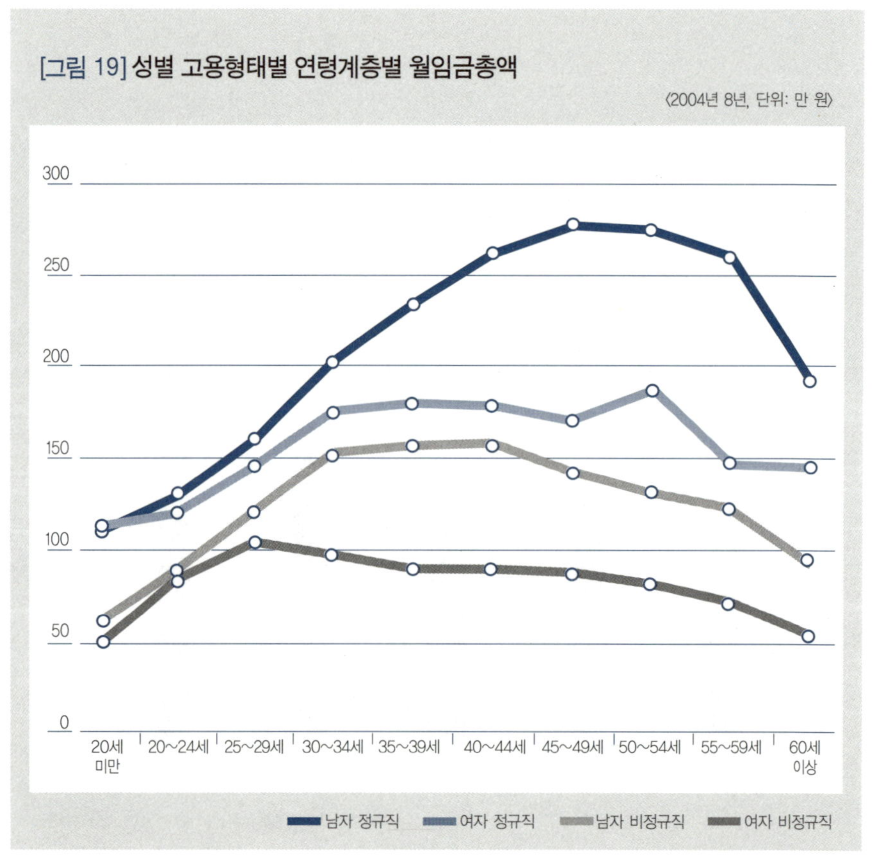

3 │ 규모별 임금격차

노동부 '매월노동통계조사'에서 500인 이상 사업체 1인당 월평균 임금총액을
100이라 할 때 사업체 규모별 임금격차 추이를 살펴보면, 30~99인 사업체는 1990
년 77.2%에서 2003년 65.9%로 하락했고, 10~29인 사업체는 74.1%에서 59.4%로
하락했으며, 5~9인 사업체는 1999년 59.0%에서 50.7%로 하락하는 등 사업체 규
모별 임금격차가 갈수록 확대되고 있다.

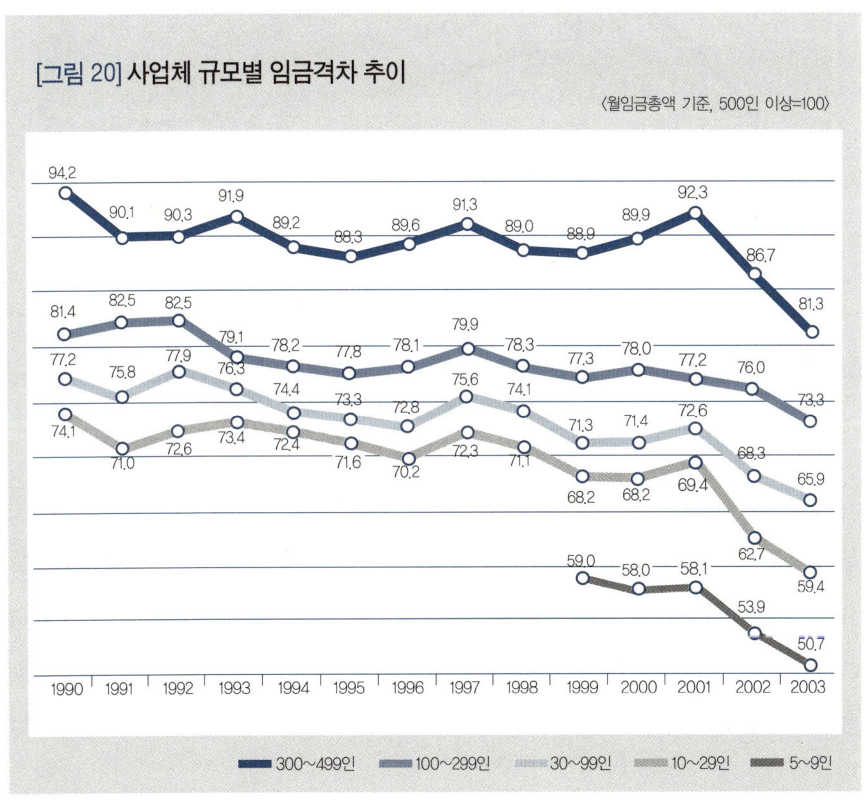

사업체 규모별 임금격차
가 확대되고 있다.

연령이 증가할수록 성별 사업체 규모별 임금격차는 확대되고 있다.

노동부 '임금구조기본통계조사'(2003년 6월)에서 성별, 사업체 규모별, 연령계층별 임금수준을 살펴보면, 남자 500인 이상 사업체는 45~49세(371만 원), 100인 이상 500인 미만 사업체는 40~44세(292만 원), 100인 미만 사업체는 40~44세(255만 원)를 정점으로 하락하고 있다. 이에 비해 여자는 모든 규모에서 30~34세를 정점으로 하락하고 있다. 이에 따라 연령이 증가할수록 성별 사업체 규모별 임금격차는 확대되고 있다.

4 | 학력별 임금격차

노동부 '임금구조기본통계조사'에서 대졸 이상 임금총액을 100이라 할 때 학력별 임금격차는, 1990년대 초반에는 축소되다가 1990년대 중반 이후 정체 내지 소폭 확대되고 있다.

남자 대졸 이상은 50대 초반, 전문대졸 이하는 40대 후반을 정점으로 임금곡선이 하락하고, 여자 대졸은 40대 후반, 전문대졸은 40대 초반, 고졸은 20대 후반, 중졸 이하는 20대 초반을 정점으로 임금곡선이 하락하고 있다. 이에 따라 연령이 증가할수록 성별 학력별 임금격차는 확대되고 있다.

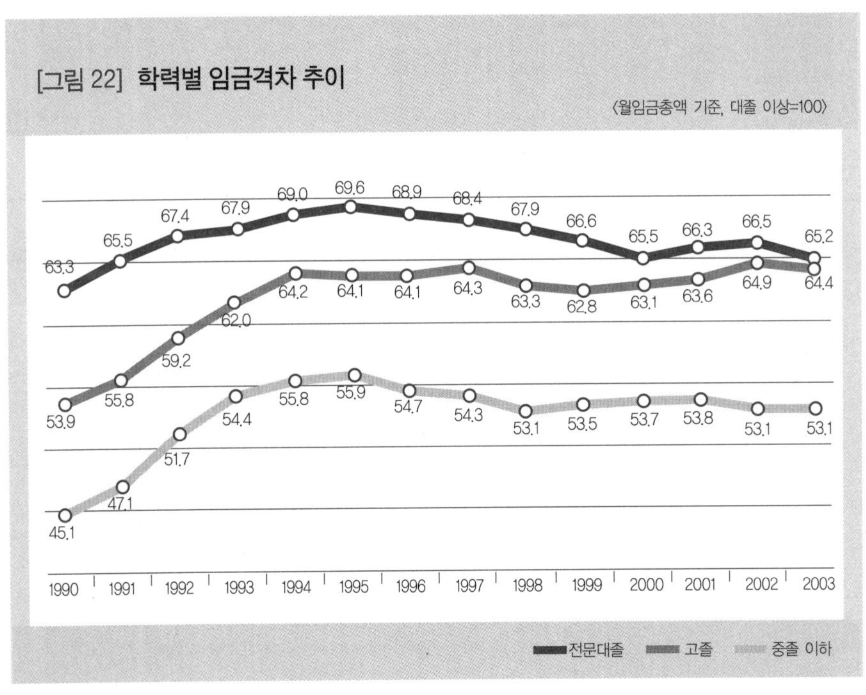

학력별 임금격차는, 1990년대 초반에는 축소되다가 1990년대 중반 이후 정체 내지 소폭 확대되고 있다.

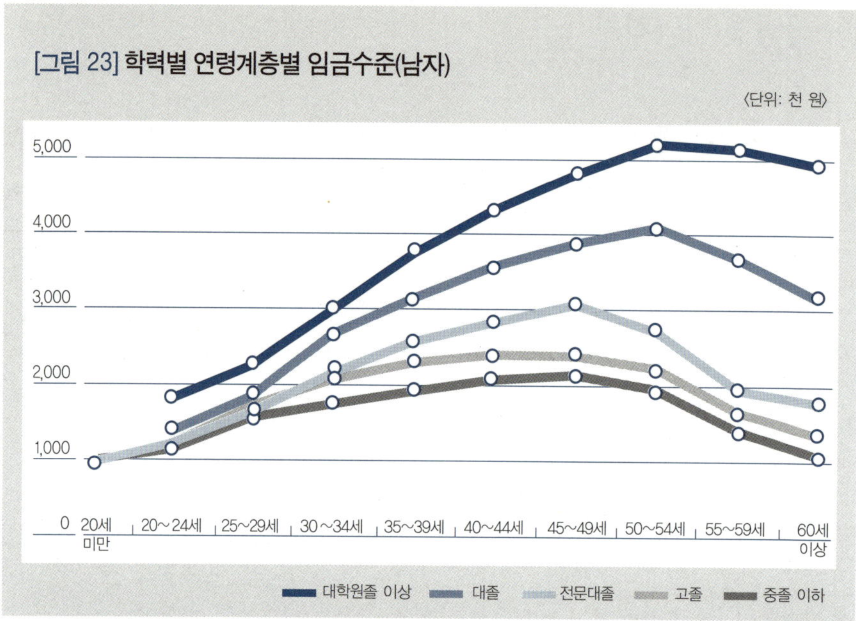

[그림 23] 학력별 연령계층별 임금수준(남자)

연령이 증가할수록 성별 학력별 임금격차는 확대되고 있다.

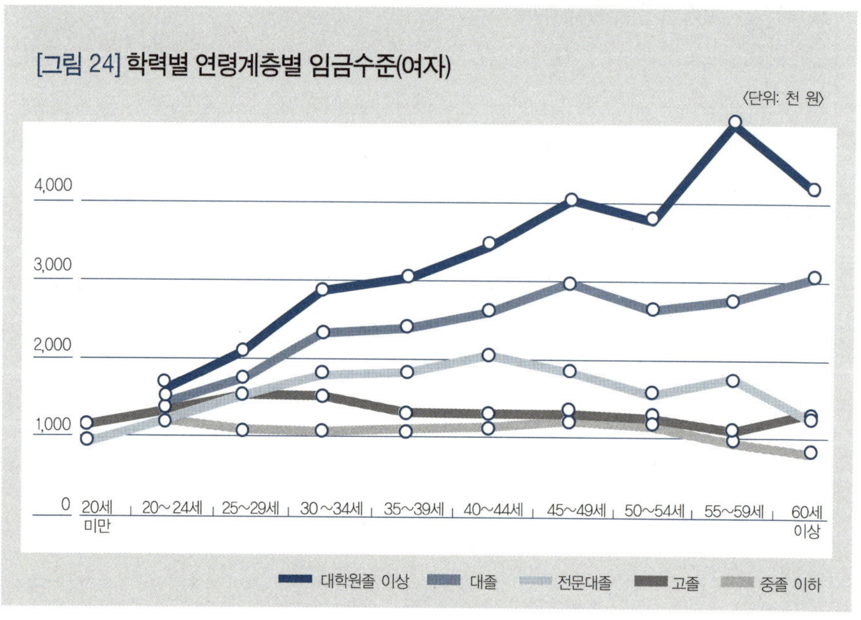

[그림 24] 학력별 연령계층별 임금수준(여자)

5 | 산업별 임금격차

노동부 '매월노동통계조사'에서 전 산업 임금총액을 100이라 할 때 산업별 임금격차는, 전기가스수도업을 제외하면 전반적으로 그 격차가 축소되고 있다. 산업별 임금수준은 도소매음식숙박업과 제조업이 가장 낮다.

그러나 노동부 매월노동통계조사는 농림어업, 공공행정 및 사회보장행정, 가사서비스업, 국제 및 외국기관 등을 조사대상에서 제외하고 있다는 점에서 한

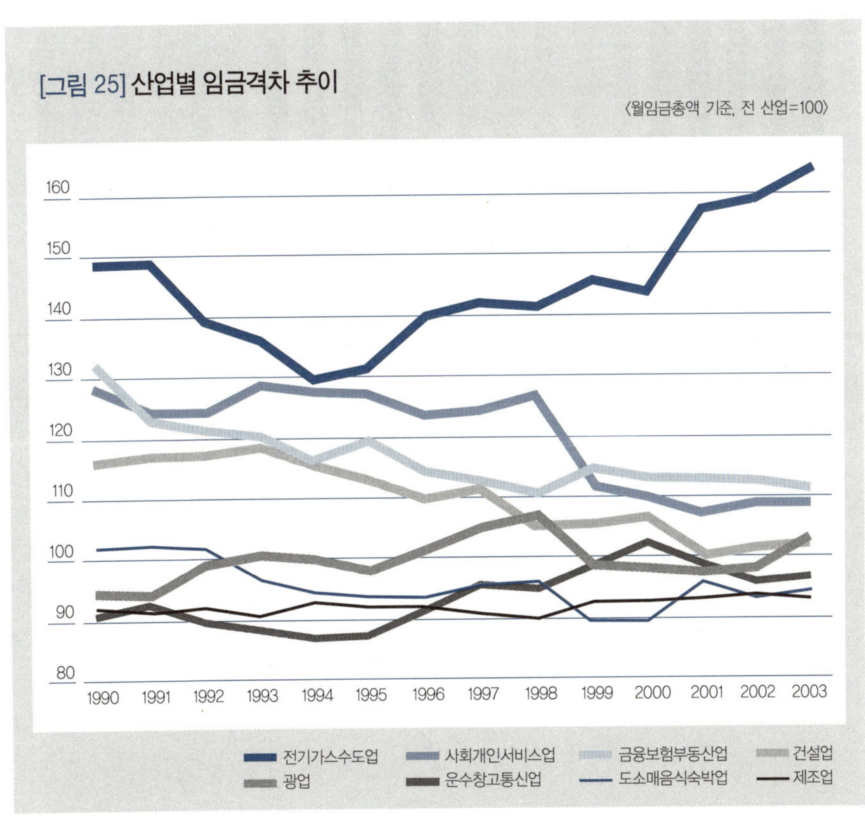

노동부 '매월노동통계조사'에서 산업별 임금수준은 도소매음식숙박업과 제조업이 가장 낮다.

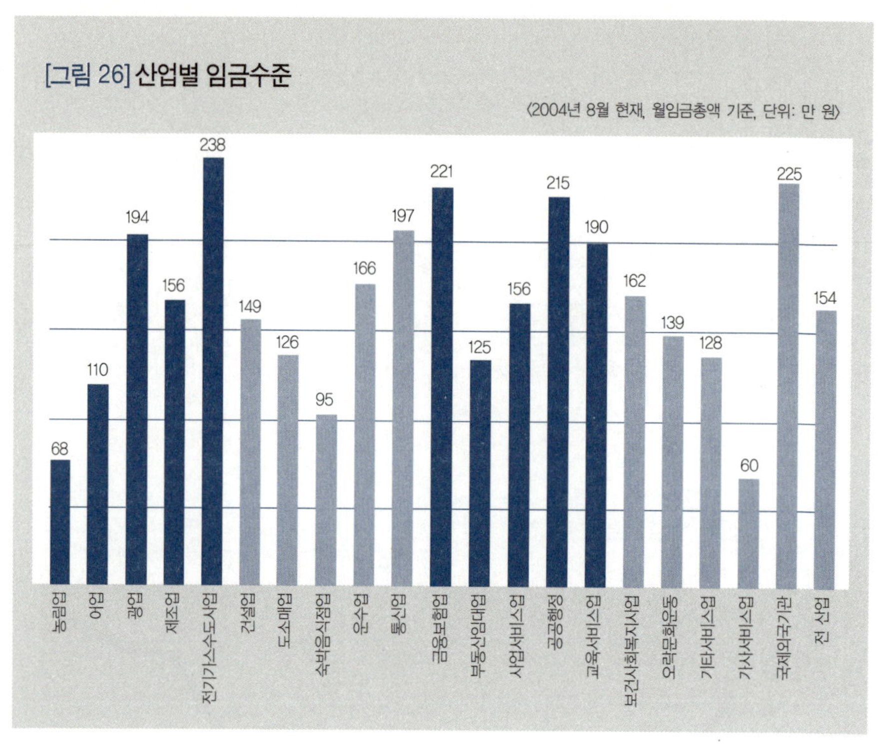

[그림 26] 산업별 임금수준

계가 있다. 따라서 통계청 경제활동인구조사 부가조사(2004년 8월)에서 산업별 임금수준을 비교하면, 전기가스수도사업(238만 원)이 가장 높고 국제 및 외국기관(225만 원), 금융보험업(221만 원), 공공행정 및 사회보장행정(215만 원)이 다음으로 높으며, 농림업(68만 원)과 가사서비스업(60만 원)이 가장 낮다.

6 | 직종별 임금격차

노동부 '임금구조기본통계조사' (2003년 6월)에서 전 직종을 100이라 할 때 직종
별 임금격차는, 임원관리자 174, 전문가준전문가기술공 124, 사무직 95, 기능원
88, 장치기계조작조립원 86, 판매직 81, 서비스직 67, 단순노무직 55로, 그 격차가
매우 크다. 이러한 직종별 임금격차는 거의 변함이 없어 구조화되어 있는 것으로
평가된다.

남자 임원관리자와 전문가는 50대 초반, 기술공 및 준전문가와 기능직은 40

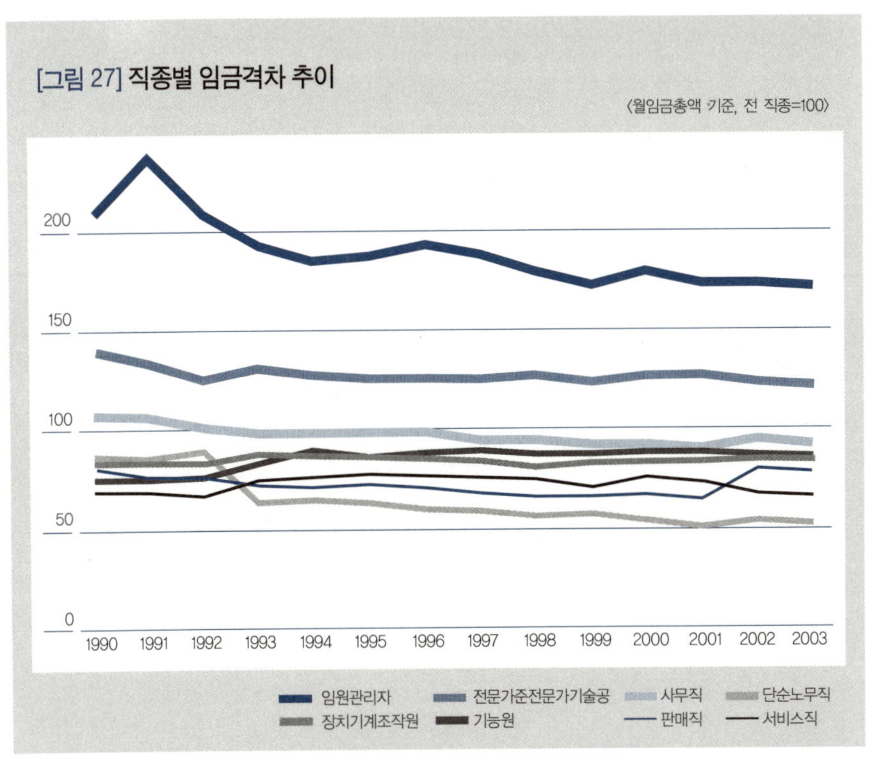

[그림 27] 직종별 임금격차 추이

〈월임금총액 기준, 전 직종=100〉

직종별 임금격차는 매우
크며, 이러한 격차는 구조
화되어 있다.

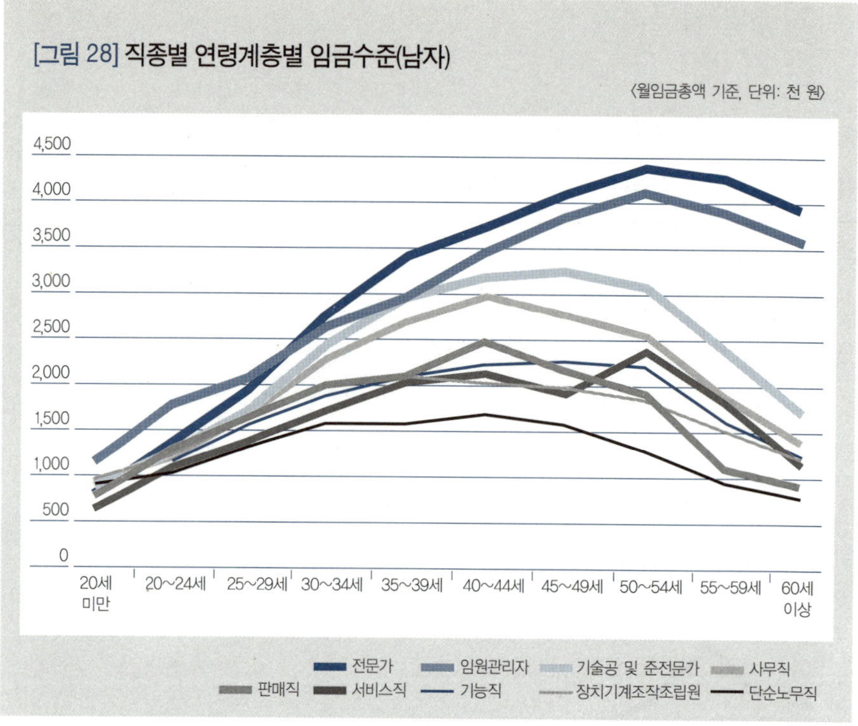

대 후반, 기타 직종은 40대 초반을 정점으로 임금곡선이 하락하지만, 여자 전문가는 50대 후반, 임원관리자와 기술공 및 준전문가는 50대 초반, 사무직은 40대 후반, 단순노무직은 20대 초반, 기타 직종은 20대 후반을 정점으로 임금곡선이 하락하고 있다. 연령이 증가할수록 성별 직종별 임금격차가 확대되고 있는 것이다.

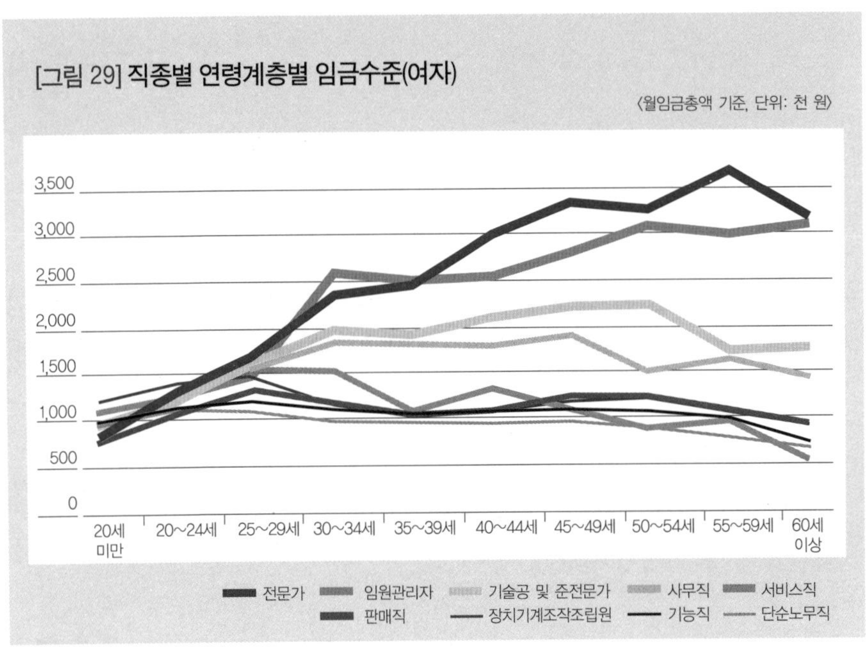

7 │ 소결

지금까지 살펴본 바를 요약하면 다음과 같다. 첫째, 남녀, 학력, 산업, 직종, 사업체 규모, 고용형태별 임금격차가 매우 크다. 둘째, 사업체 규모 및 고용형태별 임금 격차는 확대되고, 남녀, 학력, 직종, 산업별 임금격차는 제자리 걸음을 하거나 소폭 확대되고 있다. 셋째, 남자, 정규직, 고학력, 대기업, 관리전문직은 연령계층별 임금곡선이 가파르게 상승하고 정점에 도달하는 연령이 높지만, 여자, 비정규직, 저학력, 중소기업, 생산직과 판매서비스직은 연령계층별 임금곡선의 기울기가 완만하고 정점에 도달하는 연령이 낮다. 이에 따라 연령이 높을수록 남녀, 학력, 직종, 사업체 규모, 고용형태별 임금격차가 확대되고 있다.

제3장에서는 '남자, 정규직, 대기업, 관리전문직, 고학력자일수록 연령계층별 임금곡선이 가파르게 상승하고, 정점에 도달하는 연령이 높다' 는 사실을 확인했

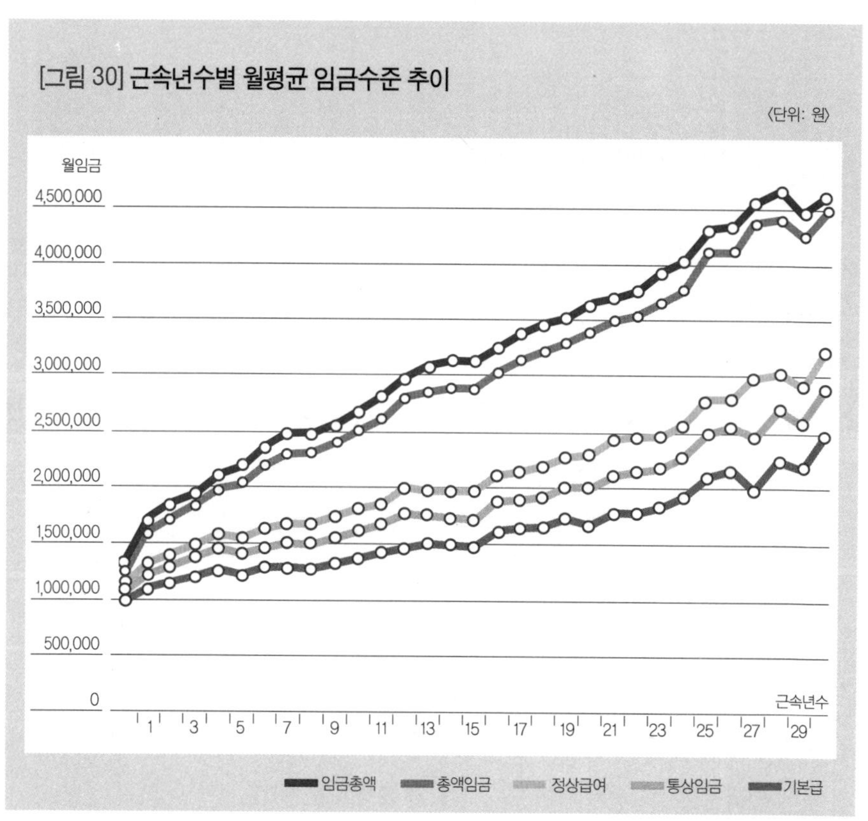

다. 혹자는 이러한 연령계층별 임금곡선으로부터 곧바로 우리나라 임금체계가 연공급(年功給)이라고 주장하기도 한다. 그러나 연령계층별 임금곡선은 노동력 구성, 인적 속성(남녀 · 학력 · 경력 · 근속 등), 일자리 속성(산업 · 직종 · 고용형태 · 규모 · 노조유무) 등 여러 요인이 맞물린 결과로, 현재 시점에서 노동자들의 임금수준이 연령계층별로 어떻게 분포해 있는가를 말해줄 뿐이다.

　　연공급이란 남녀 · 학력 등의 인적 속성에 따라 큰 범위에서 직종이나 직무가 결정되고, 일단 배치된 이후에는 근속이라는 연공적 요소에 의해 임금이 결정되는 체계를 말한다. 실제로 [그림 30]에서 근속년수별 임금곡선을 살펴보면 기울기의 차이는 있지만 근속년수가 증가할수록 임금이 상승하고 있다. 그러나 근속년수별 임금곡선도 노동력 구성, 인적 속성, 일자리 속성 등 여러 요인이 맞물린 결과이므로, 임금체계를 분석할 때는 통상적으로 시간당 임금결정요인을 회귀분석한 뒤 다른 조건을 통제한 상태에서 ‘근속에 따른 임금인상 효과’가 유의미한지 등을 살펴보곤 한다.

　　그런데 선행 연구들은 대부분 시간당 임금총액(또는 총액임금)을 분석대상으로 삼아 왔다. 그러나 임금체계란 본래 기본급의 결정기준을 의미하므로, 이 글에서는 기본급, 통상임금, 정액급여, 총액임금, 임금총액 각각을 분석한 뒤, 이를 비교 검토하도록 한다.

1 임금결정 요인(전 산업, 전 규모)

〈표 2〉는 노동부 임금구조기본통계조사(2003년 6월)에서 시간당 임금결정 요인

〈전 산업, 전 규모, 종속변수: 시간당 임금 로그 값〉

〈표 2〉 임금결정 요인

	기본급	통상임금	정액급여	총액임금	임금총액
상수	8.199 ***	8.292 ***	8.409 ***	8.473 ***	8.492 ***
여자	−0.157 ***	−0.195 ***	−0.197 ***	−0.206 ***	−0.207 ***
미혼	−0.068 ***	−0.077 ***	−0.083 ***	−0.074 ***	−0.074 ***
고졸	0.149 ***	0.156 ***	0.138 ***	0.156 ***	0.154 ***
전문대졸	0.211 ***	0.215 ***	0.190 ***	0.213 ***	0.209 ***
대졸	0.410 ***	0.403 ***	0.376 ***	0.395 ***	0.390 ***
대학원졸 이상	0.596 ***	0.589 ***	0.565 ***	0.574 ***	0.573 ***
근속년수	0.006	0.009 **	0.013 ***	0.038 ***	0.036 ***
근속년수제곱	0.000 *	0.000	0.000	−0.000 ***	−0.000 ***
경력 1~2년 미만	0.034	0.036	0.036	0.120 ***	0.109 ***
2~3년 미만	0.054 *	0.053 *	0.056 **	0.175 ***	0.160 ***
3~4년 미만	0.110 ***	0.103 ***	0.103 ***	0.207 ***	0.193 ***
4~5년 미만	0.143 ***	0.138 ***	0.133 ***	0.214 ***	0.200 ***
5~10년 미만	0.168 ***	0.171 ***	0.173 ***	0.267 ***	0.251 ***
10년 이상	0.249 ***	0.255 ***	0.250 ***	0.306 ***	0.289 ***
농림어업	−0.033	0.034	0.085	0.090	0.092
광업	−0.125	0.061	0.130	0.092	0.137
전기가스수도사업	−0.008	0.145 *	0.180 **	0.103	0.111
건설업	−0.106 ***	−0.045	−0.028	−0.078 ***	−0.066 **
도소매숙박음식점업	0.035	0.062 ***	0.068 ***	0.072 ***	0.078 ***
운수통신업	−0.086 ***	−0.023	0.023	−0.048 *	−0.033
금융보험업	−0.034	0.172 ***	0.242 ***	0.321 ***	0.330 ***
부동산사업서비스업	−0.091 ***	−0.050 **	−0.035 *	−0.087 ***	−0.079 ***
교육서비스업	−0.227 ***	−0.120 ***	−0.039	−0.065 *	−0.058 *
보건복지사업	−0.169 ***	−0.069 **	−0.022	−0.048 *	−0.043
기타서비스업	−0.016	0.033	0.056	0.036	0.039
임원관리자	0.621 ***	0.614 ***	0.558 ***	0.512 ***	0.514 ***
전문가	0.454 ***	0.465 ***	0.429 ***	0.392 ***	0.388 ***
기술공 및 준전문가	0.320 ***	0.324 ***	0.291 ***	0.270 ***	0.265 ***
사무직	0.210 ***	0.228 ***	0.200 ***	0.191 ***	0.184 ***
서비스직	0.093 **	0.059	0.013	−0.020	−0.031
판매직	0.138 ***	0.173 ***	0.179 ***	0.166 ***	0.152 ***
농림어업숙련직	0.159	0.129	0.084	0.075	0.065
기능직	0.119 ***	0.111 ***	0.090 ***	0.073 ***	0.064 ***
단순노무직	−0.244 ***	−0.243 ***	−0.262 ***	−0.284 ***	−0.291 ***

기본급은 연공급적 요소가 미약하지만, 수당과 특별급여에 연공급적 요소가 반영되어 있다

	기본급	통상임금	정액급여	총액임금	임금총액
사업체 규모 5~9인	−0.029	−0.054 **	−0.089 ***	−0.173 ***	−0.173 ***
10~29인	−0.032	−0.023	−0.038 *	−0.104 ***	−0.105 ***
30~99인	−0.046 *	−0.032	−0.029	−0.062 ***	−0.064 ***
300~499인	0.053	0.043	0.044	0.065 **	0.065 **
500인 이상	0.100 ***	0.077 ***	0.085 ***	0.158 ***	0.148 ***
노조	−0.045 **	−0.043 **	−0.033 *	0.032 *	0.034 *
관측치(1,000명)	6,380	6,380	6,380	6,380	6,380
모형의 설명력	0.454	0.522	0.546	0.619	0.617

자료 : 노동부, 임금구조기본통계조사(2003.6)

주 : 1) *는 5%, **는 1%, ***는 0.1% 유의수준에서 유의미.
　　2) 학력은 중졸 이하, 경력은 경력년수 1년 미만, 산업은 제조업, 직종은 장치기계조작조립운전원, 사업체 규모는 100~299인 기준.

을 추정한 결과이다. 첫째, 근속이 증가할수록 임금이 증가하고 있다. 그러나 기본급은 계수 값이 0.006으로 통계적으로 유의미하지 않고, 통상임금은 0.009**, 정액급여는 0.013***, 총액임금은 0.038***로 유의미할 뿐만 아니라 계수 값이 증가하고 있다. 따라서 '기본급은 연공급적 요소가 미약하지만, 수당과 특별급여에 연공급적 요소가 반영되어 있다' 고 잠정 결론지을 수 있다.

그러나 '동일 사업장 내에서는 일반적으로 특별급여(상여금) 지급률이 동일한데, 특별급여에서 근속 효과가 급증하는 것은 납득하기 어렵다' 는 의문이 제기될 수 있다. 실제로 이러한 의문에 대한 해답의 실마리는 [그림 31]에서 찾을 수 있다. [그림 31]에서 근속년수가 1년 이상 2년 미만인 사람은 연간 특별급여 지급률이 300%인데, 10년 이상인 사람은 600%를 상회한다. 이것은 동일 사업장 내에서 근속년수별로 특별급여를 차등지급하기 때문이 아니라, 특별급여 지급률이 높은 장기근속 사업장과 지급률이 낮은 단기근속 사업장이 임금구조기본통계조사에 혼재되어 있기 때문이다.

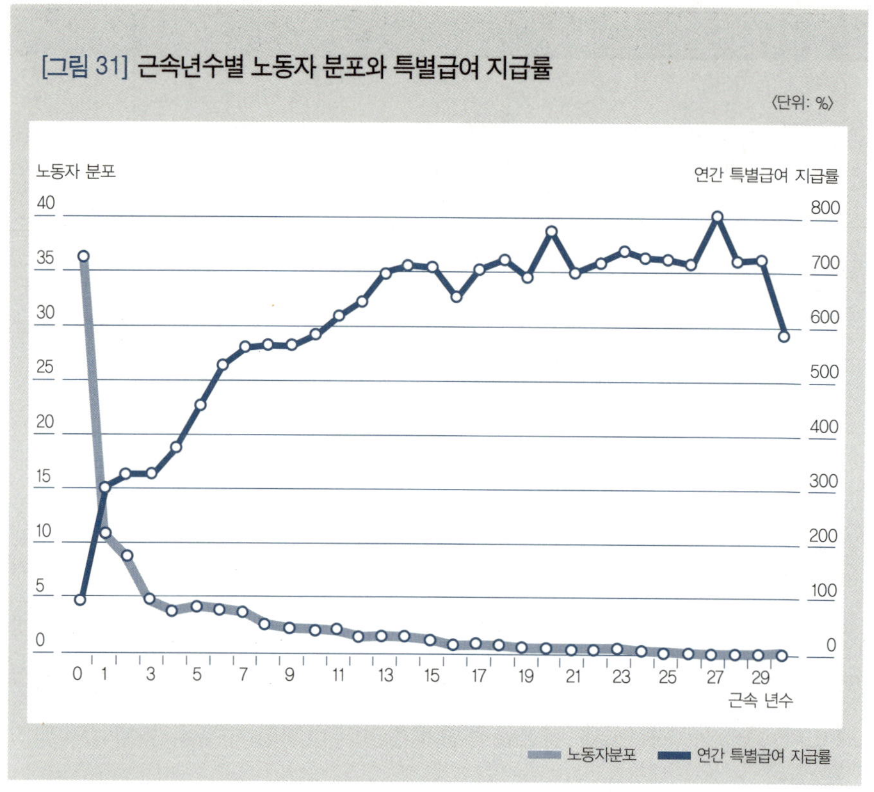

따라서 앞서 잠정 결론은 '기본급은 연공급적 요소가 미약하지만 수당에 부분적으로 연공급적 요소가 반영되어 있다'로 수정해야 한다. 더욱이 [그림 31]에서 근속년수별 노동자 분포를 살펴보면, 10명 중 7명이 근속년수 5년 미만이다. 따라서 한국의 임금체계는 지금까지 알려진 것과 달리 '연공급적 요소가 미약하며, 노동자들 대다수는 단기근속자'라고 결론지을 수 있다.

둘째, 근속보다 경력에 따른 임금인상 효과가 크다. 즉 경력년수 1년 미만을 기준으로 할 때 2~3년 미만은 5.6%, 3~4년 미만은 11.7%, 4~5년 미만은 15.4%,

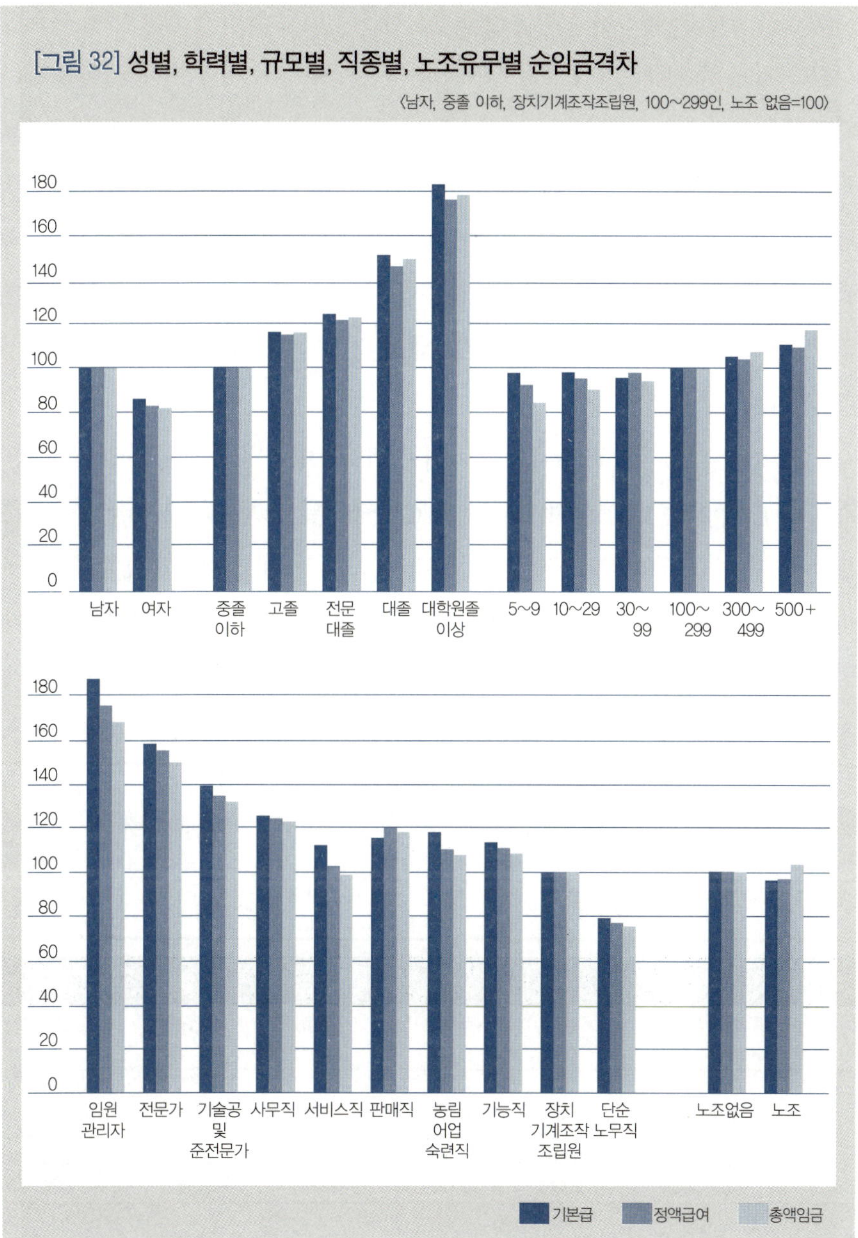

[그림 32] 성별, 학력별, 규모별, 직종별, 노조유무별 순임금격차

〈남자, 중졸 이하, 장치기계조작조립원, 100∼299인, 노조 없음=100〉

남녀별, 학력별, 직종별 임금격차가 매우 극심하다.

5~10년 미만은 18.3%, 10년 이상은 28.3% 기본급 인상 효과가 발생한다. 이러한 경력 효과는 통상임금과 정액급여에서도 마찬가지이다. 이에 비해 근속에 따른 기본급 인상 효과는 근속년수 3년은 1.7%, 4년은 2.2%, 5년은 2.8%, 10년은 5.7%, 20년은 11.8%이고, 정액급여인상 효과는 3년은 4.1%, 4년은 5.5%, 5년은 6.9%, 10년은 14.3%, 20년은 30.7%이다. 여기서 근속을 통제한 상태에서 경력 효과는 '숙련 효과'를 의미하는 바, '우리나라 임금체계는 수당에 부분적으로 근속에 따른 연공급적 요소가 내포되어 있지만, 기본급은 경력에 따른 숙련급적 요소가 강하다'고 결론지을 수 있다.

셋째, 학력별, 직종별 임금격차는 기본급에서 비롯되고, 남녀별 임금격차는 기본급과 통상적 수당에서 비롯되며, 사업체 규모별, 노조유무별 임금격차는 특별급여에서 비롯되고 있다. 지금까지 국내에서 임금체계를 검토할 때는 주로 '근속에 따라 임금이 증가'하는 데 초점을 맞추어 연공급이 강조되어 왔다. 그러나 앞서 살펴본 바와 같이 기본급에서 근속 효과는 유의미하지 않으며, [그림 32]에서 알 수 있듯이 남녀별, 학력별, 직종별 임금격차가 매우 극심하다. 따라서 앞으

〈표 3〉 사업체 규모별 근속 효과

규모	근속	기본급	통상임금	정액급여	총액임금	임금총액
100인 미만	근속년수	0.005	0.010 **	0.013 ***	0.035 ***	0.034 ***
	근속년수제곱	0.000	0.000	0.000	−0.000 ***	−0.000 ***
100 ~499인	근속년수	0.004	0.008	0.012	0.042 ***	0.038 ***
	근속년수제곱	0.000	0.000	0.000	−0.000 *	−0.000
500인 이상	근속년수	0.009	0.007	0.016	0.037 ***	0.033 ***
	근속년수제곱	0.000	0.000	−0.000	−0.000	−0.000

자료와 주: 〈표 2〉와 동일

로 임금체계를 검토할 때는 남녀, 학력, 직종에 따른 차별이 기본급 체계 내에 구
조화되어 있다는 사실에 주목할 필요가 있다.

'근속에 따른 임금 상승 효과가 미약하다' 는 분석 결과에 대해, 한국에서 연
공급이 문제가 되는 것은 모든 기업이 아니라 '대기업(대기업 남자 또는 노조가
있는 대기업)' 이라는 반론이 있을 수 있다. 〈표 3〉은 사업체 규모별로 시간당 임
금결정 요인을 추정한 뒤, 근속 효과만 살펴본 것이다. 다른 조건을 통제할 때 500
인 이상 사업체에서 기본급 내지 정액급여는 근속 효과가 유의미하지 않고, 총액
임금과 임금총액을 기준으로 하더라도 대기업에서 근속 효과가 더 크다는 증거
는 발견되지 않는다. 남녀를 구분한 〈표 4〉와 노조유무를 구분한 〈표 5〉에서도
결과는 동일하다.

〈표 4〉 사업체 규모 및 남녀별 근속 효과

규모	근속		기본급	통상임금	정액급여	총액임금	임금총액
100인 미만	남자	근속년수 근속제곱	0.005 0.000	0.010 * 0.000	0.012 ** 0.000	0.034 *** −0.000 **	0.033 *** −0.000 **
	여자	근속년수 근속제곱	0.003 0.000	0.006 0.000	0.011 0.000	0.035 *** −0.000	0.033 *** −0.000
100 ~499인	남자	근속년수 근속제곱	0.004 0.000	0.008 0.000	0.011 0.000	0.039 *** −0.000	0.035 *** −0.000
	여자	근속년수 근속제곱	−0.001 0.000	−0.002 0.000	0.008 0.000	0.046 ** −0.000	0.044 ** −0.000
500인 이상	남자	근속년수 근속제곱	0.014 −0.000	0.011 0.000	0.018 −0.000	0.036 *** −0.000	0.032 ** −0.000
	여자	근속년수 근속제곱	−0.003 0.000	−0.003 0.000	0.009 0.000	0.041 −0.000	0.038 −0.000

자료와 주: 〈표 2〉와 동일

<表 5> 사업체 규모 및 노조유무별 근속 효과

규모	노조	근속	기본급	통상임금	정액급여	총액임금	임금총액
100인 미만	유	근속년수	0.001	0.009	0.014	0.043 ***	0.039 ***
		근속제곱	0.000	0.000	0.000	−0.000	−0.000
	무	근속년수	0.007	0.010 *	0.013 ***	0.034 ***	0.033 ***
		근속제곱	0.000	−0.000	−0.000	−0.000 ***	−0.000 ***
100 ~499인	유	근속년수	0.016	0.021 *	0.024 *	0.051 ***	0.046 ***
		근속제곱	0.000	0.000	0.000	−0.000 *	−0.000
	무	근속년수	−0.001	0.004	0.007	0.040 ***	0.037 ***
		근속제곱	0.000	0.000	0.000	−0.000	−0.000
500인 이상	유	근속년수	0.010	0.011	0.014	0.032 **	0.029 **
		근속제곱	0.000	0.000	−0.000	−0.000	−0.000
	무	근속년수	−0.000	−0.016	0.013	0.041	0.036
		근속제곱	0.000	0.000	0.000	−0.000	−0.000

자료와 주: <표 2>와 동일

2 | 성별 직종별 시간당 임금결정 요인

앞서 노동자의 인적 속성과 일자리 속성을 통제한 상태에서 전체 노동자를 대상으로 임금결정 요인을 추정한 결과, 남녀·학력·직종별 임금격차가 매우 크고 이러한 격차가 기본급에 반영되어 있으며, 기본급에서 근속 효과는 유의미하지 않고 경력 효과가 유의미하다는 사실을 확인했다. 그런데 이러한 분석은 암묵적으로 모든 노동자가 하나의 동일한 임금함수를 적용 받는다는 가정에 입각한 것으로, 실제로는 노동자의 인적 속성이나 일자리 속성에 따라 임금함수 자체가 다를 수 있다. 더욱이 성별, 학력별로 직종 분리가 구조화되어 있으므로, 여기서는 성별, 직종별 임금함수를 추정한 뒤 그 특징을 살펴보도록 한다(〈표 6〉 내지 〈표 9〉 참조).

첫째, 남녀 판매서비스직과 여성 임원관리자는 모든 설명변수가 유의미하지 않다. 상수 값만 유의미할 뿐이다. 따라서 이들 직종에서는 인적 속성과 일자리 속성이 임금결정 요인으로 작용하지 않고, 뚜렷한 임금체계 없이 기업의 자의적 판단이나 개인의 성과에 따라 임금이 결정된다고 결론지을 수 있다.

둘째, 기본급에서 근속 효과는 남녀 모두, 모든 직종에서 유의미하지 않다. 그러나 경력 효과는 남자는 전문가, 기술공 및 준전문가, 사무직, 기능직, 장치기계조작조립원에서 유의미하고, 여자는 전문가와 사무직에서 유의미하다. 그런데 경력 효과의 계수 값을 살펴보면 남녀 모두 전문가와 사무직은 크고, 판매서비스직과 생산직은 작거나 유의미하지 않다. 이것은 이들 직종에서 담당하는 업무가 주로 단순반복 업무이거나 장기간 숙련을 요하지 않는 데서 비롯된 것으로 해석된다.

셋째, 임금총액에서 근속 효과는 남자는 전문가, 기술공 및 준전문가, 사무직, 기능직, 장치기계조작조립원, 단순노무직에서 유의미하고, 여자는 기술공 및 준전문가, 사무직, 장치기계조작조립원에서 유의미하다. 경력 효과는 남자는 전문가, 기술공 및 준전문가, 사무직, 기능직, 장치기계조작조립원에서 유의미하고, 여자는 전문가, 사무직, 장치기계조작조립원에서 유의미하다. 그런데 상위 직종일수록 경력 효과가 근속 효과보다 크고, 경력이 증가할수록 임금이 유의미하게 증가하지만, 하위 직종인 장치기계조작조립원은 경력 효과가 단기간에 정지되고(남자 2년, 여자 1년), 단순노무직은 유의미하지 않다. 이것은 이들 직종에서 담당하는 업무가 높은 숙련을 요구하지 않는 데서 비롯되는 것으로 해석되는데, 이에 따라 이들 직종은 상대적으로 근속 효과가 강하게 부각되고 있다(장치기계조작조립원 0.04***, 남자 단순노무직 0.05***).

여기서 근속을 통제한 상태에서 경력 효과는 경력에 따라 숙련·기능이 상승하고, 설령 이직을 하더라도 경력에 상응하는 임금을 받을 수 있음을 의미한다. 그러나 경력을 통제한 상태에서 근속 효과는 이직 시 임금상실 효과가 크기 때문에 노동자들은 기업의식에 사로잡히는 반면, 기업은 장기 근속자들을 고용조정할 유인이 높아짐을 의미한다. 그리고 이것은 최근 기업이 이들 직종을 아웃소싱하거나 비정규직으로 대체하는 한 가지 요인으로 작용하고 있는 것으로 판단된다.

넷째, 기본급에서 노조효과는 남녀 모두, 모든 직종에서 통계적으로 유의미하지 않다. 임금총액에서 노조효과는 남자 전문가와 기술공 및 준전문가만 유의미한 (−)이고, 나머지 다른 직종은 유의미하지 않다. 이것은 노조위협효과로 노조가 없는 사업장에서도 노조가 있는 사업장과 거의 동일한 임금을 지급하기 때문인 것으로 해석된다.

〈표 6〉 성별 직종별 임금결정 요인1

〈남자, 종속변수: 시간당 기본급 로그 값〉

	임원관리자	전문가	기술공 및 준전문가	사무직	서비스직	판매직	기능직	장치기계조작조립원	단순노무직
상수	9.17***	8.73***	8.56***	8.47***	8.15***	8.32***	8.33***	8.36***	8.21***
미혼	−0.10	−0.15*	−0.13**	−0.11**	−0.10	0.02	−0.11*	−0.12***	0.01
고졸	0.08	0.19	0.13	0.10	0.12	0.08	0.08	0.08**	0.09
전문대졸	0.08	0.21	0.20	0.14	0.15	0.18	0.12	0.11*	0.16
대졸	0.32	0.30	0.37*	0.35**	0.18	0.32	0.19*	0.19*	0.17
대학원졸 이상	0.52*	0.49	0.46**	0.43**	0.04	0.65	0.38	0.28	0.02
근속년수	−0.00	−0.00	0.00	−0.01	0.00	−0.02	0.00	0.01	0.01
근속년수제곱	0.00	0.00	0.00	0.00*	0.00	0.00	0.00	−0.00	−0.00
경력 1~2년 미만	−0.04	0.02	0.05	0.04	−0.04	0.09	0.08	0.01	−0.03
2~3년 미만	−0.03	0.07	0.09	0.09	0.10	0.15	0.09	−0.01	0.01
3~4년 미만	0.10	0.15	0.14	0.13	0.13	0.17	0.14	0.05	0.03
4~5년 미만	0.06	0.21	0.17	0.20*	0.27	0.36	0.14	0.07	0.03
5~10년 미만	0.10	0.22	0.20**	0.22**	0.26	0.33	0.21**	0.10	0.03
10년 이상	0.18	0.31*	0.31***	0.31***	0.36	0.39	0.26**	0.11*	0.04
농림어업	0.10	−0.14	0.03	−0.01	0.06	0.02	0.00	0.03	0.16
광업	−0.21	−0.29	−0.17	−0.23	−0.61	−0.22	−0.17	−0.11*	−0.10
전기가스수도사업	−0.07	−0.16	0.07	−0.03	−0.12		−0.03	0.30	0.30
건설업	−0.07	−0.10	−0.09	−0.01	0.55	−0.27	0.03	−0.16	0.10
도소매숙박음식업	0.13	0.16	0.13*	0.08	0.06	−0.03	0.13	0.04	0.14
운수통신업	−0.01	0.27	0.14*	−0.08	0.17	0.36	0.17*	−0.31***	−0.01
금융보험업	0.14	0.37**	0.13	−0.12*	0.35	−0.22	0.12	0.01	0.22
부동산사업서비스업	0.06	0.23**	0.07	0.08	−0.21	0.20	−0.25***	−0.30***	−0.69***
교육서비스업	−0.31	−0.21**	−0.40***	−0.15	0.31		−0.03	0.09	0.02
보건복지사업	−0.05	0.07	−0.17*	−0.14	0.04	−0.16	0.10	−0.00	0.03
기타서비스업	−0.04	−0.07	0.05	−0.07	0.08	0.37	−0.00	0.09	−0.07
사업체 5~9인	−0.36**	−0.21*	−0.20**	−0.07	0.06	−0.09	0.06	0.14**	0.06
규모 10~29인	−0.25	−0.17*	−0.14**	−0.04	0.06	0.05	0.05	0.03	−0.02
30~99인	−0.13	−0.16*	−0.10	−0.05	0.00	−0.10	0.06	−0.03	−0.04
300~499인	0.00	0.02	0.07	0.08	0.17	0.18	−0.00	0.07	0.13
500인 이상	0.05	0.09	0.09	0.16**	0.10	0.02	0.07	0.07	0.18
노조	−0.03	−0.12*	−0.11**	−0.06	0.12	−0.09	−0.01	−0.03	−0.04
관측치(1,000명)	328	415	818	827	81	86	504	1,034	306
모형의 설명력	0.09	0.23	0.27	0.18	−0.11	−0.15	0.17	0.27	0.41

자료와 주: 〈표 2〉와 동일

〈표 7〉 성별 직종별 임금결정 요인2

〈여자, 종속변수: 시간당 기본급 로그 값〉

	임원관리자	전문가	기술공 및 준전문가	사무직	서비스직	판매직	기능직	장치기계조작조립원	단순노무직
상수	9.34	8.26	8.13	8.32	8.10***	8.20***	7.87***	7.99***	8.03***
미혼	−0.16	−0.07	0.00	−0.05	0.01	−0.08	0.04	0.04	0.03
고졸	−0.25	0.41	0.22	0.01	0.14	0.25	0.09	0.13**	0.09
전문대졸	−0.15	0.40	0.36	0.06	0.21	0.49	0.21	0.19	0.10
대졸		0.59	0.54	0.30	0.25	0.48	0.47	0.20	0.24
대학원졸 이상	0.11	0.83	0.68*	0.57*	0.18	0.65	0.78	0.14	0.36
근속년수		−0.02	0.01	−0.01	0.02	0.02	−0.00	0.01	−0.00
근속년수제곱	0.00	0.00	0.00	0.00	−0.00	0.00	0.00	0.00	0.00
경력　1~2년 미만	−0.15	0.05	−0.00	0.04	0.01	0.04	0.10	0.10	0.02
2~3년 미만	−0.21	0.10	0.03	0.09	0.03	0.04	0.13	0.05	0.00
3~4년 미만	−0.07	0.18	0.11	0.13*	0.07	0.06	0.14	0.10	0.06
4~5년 미만	−0.39	0.25*	0.14	0.22**	0.13	−0.00	0.20	0.12	0.05
5~10년 미만		0.26*	0.15	0.24**	0.05	0.07	0.17	0.13	0.06
10년 이상		0.41**	0.24	0.34***	0.22	−0.02	0.25	0.14	0.05
농림어업	0.46	−0.54	−0.06	−0.15	−0.10	0.00	0.01	0.28	−0.06
광업	−0.33	−0.75	−0.60	−0.28	−0.33	−0.15	0.04	−0.23	−0.11
전기가스수도사업		−0.21	−0.10	−0.16	0.11		0.03	0.16	0.18
건설업	−0.37	−0.43	−0.18	−0.07	0.23		−0.02	−0.08	−0.21
도소매숙박음식업		0.11	0.17	−0.00	−0.06	−0.11	0.02	0.02	0.18*
운수통신업	−0.16	0.10	0.29	0.02	0.05	0.17	0.60*	−0.08	0.02
금융보험업	0.09	0.12	0.21	−0.04	0.16	−0.06	0.16		0.31
부동산사업서비스업	0.07	0.30**	0.20	0.06	−0.16	−0.29	0.25	−0.08	−0.12*
교육서비스업	−0.20	−0.10	−0.08	−0.07	−0.02	−0.30	0.18	0.98	0.28
보건복지사업	−0.26	−0.22*	−0.20*	−0.12	−0.05	−0.31	0.18	0.21	0.05
기타서비스업	−0.17	−0.33	−0.14	−0.06	−0.02	0.18	0.17	−0.01	0.10
사업체　5~9인		−0.14	0.09	−0.05	0.11	0.00	0.23	0.02	0.00
규모　10~29인	−0.03	−0.12	−0.00	−0.05	0.03	−0.05	0.12	−0.01	−0.03
30~99인	0.15	−0.23**	−0.12	−0.04	−0.01	−0.05	0.03	−0.06	−0.03
300~499인	0.13	−0.15	0.00	−0.00	0.07	−0.30	0.01	−0.03	0.03
500인 이상	0.46	0.01	0.08	0.07	0.18	−0.00	−0.02	0.13*	−0.06
노조	0.34	0.03	−0.01	0.02	−0.03	0.10	0.09	0.03	−0.02
관측치(1,000명)	25	259	182	712	144	69	116	266	200
모형의 설명력	−33.24	0.36	0.26	0.16	−0.07	−0.22	0.02	0.12	0.02

자료와 주: 〈표 2〉와 동일

〈남자, 종속변수: 시간당 임금총액 로그 값〉

	임원관리자	전문가	기술공 및 준전문가	사무직	서비스직	판매직	기능직	장치기계조작조립원	단순노무직
상수	9.35***	9.02***	8.80***	8.65***	8.51***	8.40***	8.57***	8.68***	8.42***
미혼	−0.11	−0.19***	−0.15***	−0.12***	−0.12	−0.02	−0.10**	−0.14***	0.03
고졸	0.11	0.11	0.16	0.15	0.05	0.35	0.11*	0.07*	0.10
전문대졸	0.13	0.12	0.20	0.20*	0.10	0.42	0.17*	0.10*	0.20
대졸	0.33	0.24	0.36**	0.39***	0.13	0.49	0.26**	0.19*	0.16
대학원졸이상	0.51*	0.43	0.42**	0.50***	0.08	0.66	0.40	0.26	0.25
근속년수	0.02	0.02*	0.03***	0.04***	0.03	0.04	0.03**	0.04***	0.05***
근속년수제곱	−0.00	−0.00	−0.00	−0.00	−0.00	−0.00	−0.00	−0.00**	−0.00
경력 1~2년 미만	0.05	0.14	0.12*	0.11*	0.05	0.20	0.14*	0.09*	0.04
2~3년 미만	0.07	0.19	0.19**	0.19**	0.18	0.27	0.17*	0.13**	0.09
3~4년 미만	0.16	0.24*	0.23***	0.21***	0.20	0.27	0.21**	0.15**	0.05
4~5년 미만	0.17	0.30*	0.22**	0.23**	0.29	0.38	0.24**	0.12*	0.05
5~10년 미만	0.17	0.33***	0.30***	0.29***	0.32	0.37	0.31***	0.17***	0.02
10년 이상	0.22	0.40***	0.36***	0.31***	0.42	0.31	0.30***	0.15**	0.01
농림어업	0.12	0.08	0.19	0.14	0.24	0.12	0.23	0.17	0.17
광업	−0.10	−0.11	−0.05	−0.14	−0.27	−0.11	0.21	0.12	0.30
전기가스수도사업	−0.03	0.00	0.11	0.10	0.21		0.20	0.39	0.41
건설업	−0.08	−0.06	−0.06	0.05	0.39	−0.15	0.02	0.02	0.13
도소매숙박음식업	0.16	0.20	0.18***	0.13***	0.04	−0.05	0.14	0.12	0.11
운수통신업	−0.05	0.25	0.15**	−0.04	0.30	0.06	0.14	−0.22***	0.09
금융보험업	0.50***	0.54***	0.52***	0.31***	0.42	0.13	0.54	0.29	0.43
부동산사업서비스업	0.08	0.18**	0.06	0.08	0.03	0.31	−0.24***	−0.22***	−0.65***
교육서비스업	−0.14	0.02	−0.24**	0.01	0.50		0.11	0.09	0.17
보건복지사업	0.06	0.24**	−0.07	−0.01	0.01	−0.20	0.14	0.05	−0.06
기타서비스업	−0.00	0.01	0.08	0.06	0.18	0.21	−0.02	0.15	0.04
사업체 5~9인	−0.45***	−0.38***	−0.32***	−0.18***	−0.18	−0.15	−0.11	−0.06	−0.02
규모 10~29인	−0.28*	−0.27***	−0.17***	−0.09*	−0.17	−0.00	−0.03	−0.10*	−0.06
30~99인	−0.14	−0.21***	−0.10*	−0.06	−0.01	−0.02	0.03	−0.07*	−0.03
300~499인	0.01	0.00	0.04	0.06	−0.12	−0.01	0.06	0.13**	0.07
500인 이상	0.08	0.12	0.13**	0.14**	0.18	0.00	0.14*	0.18***	0.31**
노조	0.06	−0.04	−0.01	0.00	0.11	0.10	0.06	0.04	0.09
관측치(1,000명)	328	415	818	827	81	86	504	1,034	306
모형의 설명력	0.25	0.47	0.54	0.49	0.24	0.21	0.43	0.44	0.53

자료와 주: 〈표 2〉와 동일

<표 9> 성별 직종별 임금결정 요인4

<여자, 종속변수: 시간당 임금총액 로그 값>

	임원관리자	전문가	기술공 및 준전문가	사무직	서비스직	판매직	기능직	장치기계조작조립원	단순노무직
상수	9.52	8.92***	8.46***	8.34***	8.41***	8.45***	8.14***	8.26***	8.30***
미혼	−0.12	−0.09	−0.01	−0.01	0.03	0.07	0.00	0.06	0.03
고졸	−0.27	−0.03	0.14	0.17	0.07	0.15	0.11	0.11	0.04
전문대졸	−0.17	−0.02	0.26	0.21	0.16	0.32	0.21	0.19	0.21
대졸		0.19	0.43	0.41*	0.24	0.35	0.49	0.17	0.29
대학원졸 이상	0.14	0.45	0.51	0.71**	0.15	0.61	0.76	0.44	0.36
근속년수		0.02	0.04*	0.04***	0.03	0.05	0.02	0.04*	0.02
근속년수제곱	0.00	0.00	−0.00	−0.00	−0.00	−0.00	−0.00	−0.00	−0.00
경력 1~2년 미만	−0.10	0.11	0.09	0.11*	0.03	0.09	0.16	0.19**	0.09
2~3년 미만	−0.19	0.17	0.12	0.20***	0.10	0.17	0.19	0.20*	0.10
3~4년 미만	−0.08	0.24**	0.19	0.20***	0.12	0.16	0.19	0.24**	0.13
4~5년 미만	−0.28	0.26*	0.23	0.23***	0.16	0.14	0.25	0.24*	0.08
5~10년 미만		0.31**	0.22	0.28***	0.10	0.13	0.21	0.26**	0.11
10년 이상		0.44***	0.22	0.37***	0.28	0.12	0.26	0.26*	0.08
농림어업	0.40	−0.36	0.30	−0.02	−0.11	−0.01	0.25	0.49	−0.15
광업	−0.17	−0.51	−0.47	−0.16	−0.18	−0.17	0.20	−0.02	0.12
전기가스수도사업		0.05	−0.06	−0.01	0.34		0.55	0.28	0.09
건설업	−0.35	−0.35	−0.09	−0.06	0.23		0.25	0.22	−0.11
도소매숙박음식업		0.13	0.15	0.04	−0.08	−0.08	0.03	0.18	0.10
운수통신업	−0.24	0.18	0.27	0.03	0.02	0.18	0.59*	0.16	−0.08
금융보험업	0.58	0.30	0.45**	0.25***	−0.06	−0.01	0.52		0.36
부동산사업서비스업	0.10	0.23*	0.15	0.09	−0.18	−0.05	0.23	−0.04	−0.20***
교육서비스업	−0.07	0.07	−0.04	0.03	−0.01	−0.28	0.30	0.94	0.32
보건복지사업	−0.26	−0.06	−0.11	−0.03	0.03	−0.26	0.27	0.54	0.04
기타서비스업	−0.21	−0.25	−0.12	−0.04	0.00	0.03	0.16	0.03	0.10
사업체 5~9인		−0.35***	−0.10	−0.14**	−0.11	−0.15	0.03	−0.21*	−0.14
규모 10~29인	0.05	−0.28***	−0.11	−0.07	−0.14	−0.09	0.02	−0.20**	−0.11
30~99인	0.27	−0.21**	−0.10	−0.02	−0.08	−0.01	−0.05	−0.13*	−0.06
300~499인	0.19	−0.08	0.04	0.03	0.09	−0.22	0.09	−0.01	0.08
500인 이상	0.44	0.09	0.13	0.06	0.28	−0.09	0.10	0.17**	0.04
노조	0.37	0.02	0.06	0.07	0.05	0.20	0.13	0.02	0.06
관측치(1,000명)	25	259	182	712	144	69	116	266	200
모형의 설명력	−29.28	0.57	0.49	0.48	0.22	0.07	0.19	0.39	0.23

자료와 주: <표 2>와 동일

제5장 법정 최저임금수준

1 평균임금[7] 대비 최저임금

[그림 33]은 노동부 매월노동통계조사에서 매월 평균임금 대비 최저임금 비율을 계산한 뒤 연간평균을 계산한 결과이다. 시간당 정액급여 기준으로 1989년(29.7%)을 정점으로 계속 하락하여 1996~2000년에는 25%대에 머물다가 2001년 27.6%로 소폭 상승한 뒤 다시 하락하고 있다. 다른 기준을 사용하더라도 1990년대 초중반에는 최저임금 비율이 계속 하락하다가 외환위기를 전후한 시점에 제자리 걸음을 했으며, 2001년에 소폭 상승했다가 다시 하락한 점에서는 동일하다.

[그림 34]는 평균임금 대비 최저임금 비율을 국제비교한 것이다. 2002년 8월 현재 경제활동인구조사 부가조사에서 풀타임 중위임금 대비 최저임금 비율은 38.0%이고, 상용직 풀타임 중위임금 대비 최저임금 비율은 26.9%이며, 2002년 6월 현재 임금구조기본통계조사에서 풀타임 중위임금 대비 최저임금 비율은 34.5%로 하위권에 속하며, 미국 노동성이 조사한 제조업 생산직 시간당 보수비용 대비 최저임금 비율은 20.1%로 스페인과 함께 가장 낮다.

7 평균임금(average wage)은 정액급여 또는 임금총액의 평균값(mean) 또는 중위값(median)을 지칭하는 것으로, 근로기준법상의 평균임금과는 그 개념을 달리 한다.

[그림 33] 평균임금 대비 최저임금 비율

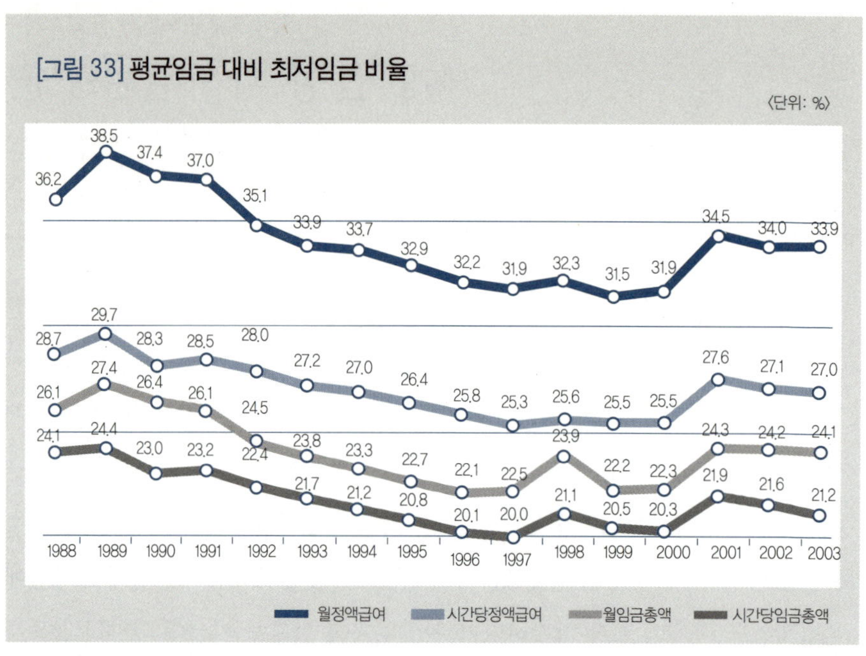

[그림 34] 평균임금 대비 최저임금비율 국제비교

미국 노동성이 조사한 제조업 생산직 시간당 보수비용 대비 최저임금 비율은 20.1%로 스페인과 함께 가장 낮다.

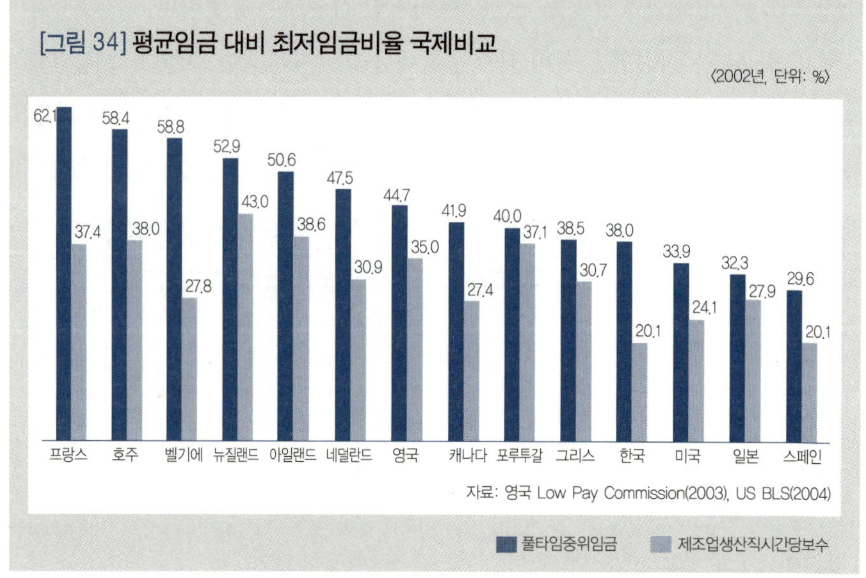

2 │ 최저임금 영향률

2003년 9월부터 2004년 8월까지 법정 최저임금은 시간당 2,510원이고, 2004년 9월부터 2005년 8월까지 법정 최저임금은 시간당 2,840원이다. 경제활동인구조사 부가조사에서 2004년 8월 현재 시간당 임금이 2,510원 미만인 노동자는 80만 명(5.6%)이고, 2,840원 미만인 노동자는 125만 명(8.8%)이다. 따라서 2004년 9월부터 적용된 법정 최저임금(2,840원)의 영향률은 3.2%(45만 명)이고, 나머지 80만 명은 최저임금 적용 제외자이거나 최저임금법 위반업체에서 일하는 최저임금 미달자로 추정된다.

현행법상 가내노동자와 감시 · 단속적 근로자, 장애자 · 훈련생 · 실습생이

〈표 10〉 연도별 볍정최저임금 현황과 영향률 추정

〈단위: 천 명, %〉

법정 최정임금 적용기간	시간급	시간당 임금	2000년		2001년		2002년		2003년		2004년		최저임금 영향률(%)
			수	비율	수	비율	수	비율	수	비율	수	비율	
99.9 ~00.8	1,600원	1,600원 미만	530	4.2	396	3.1	276	2.1	231	1.7	188	1.3	
00.9 ~01.8	1,865원	1,865원 미만	760	6.0	557	4.4	426	3.2	345	2.5	279	2.0	1.8
01.9 ~02.8	2,100원	2,100원 미만	1,104	8.7	822	6.4	640	4.9	522	3.8	432	3.1	2.0
02.9 ~03.8	2,275원	2,275원 미만	1,331	10.5	1,007	7.9	766	5.9	627	4.6	525	3.7	1.0
03.9 ~04.8	2,510원	2,510원 미만	1,880	14.9	1,481	11.6	1,129	8.6	921	6.8	798	5.6	2.2
04.8 ~05.8	2,840원	2,840원 미만							1,321	9.8	1,251	8.8	3.2

자료: 경제활동인구조사 부가조사, 각년도 8월

최저임금 적용대상에서 제외
되고, 취업기간이 6개월을 경
과하지 아니한 18세 미만 근
로자는 최저임금의 90%만 적
용받고 있음을 감안하더라도,
이상은 현행법상 최저임금조
차 탈법적으로 적용되지 않는
노동자가 광범하게 존재함을
말해준다. 더욱이 이들 계층
은 매년 53~80만 명(4.2~5.6%)
으로 항상적으로 존재하고 있
다.

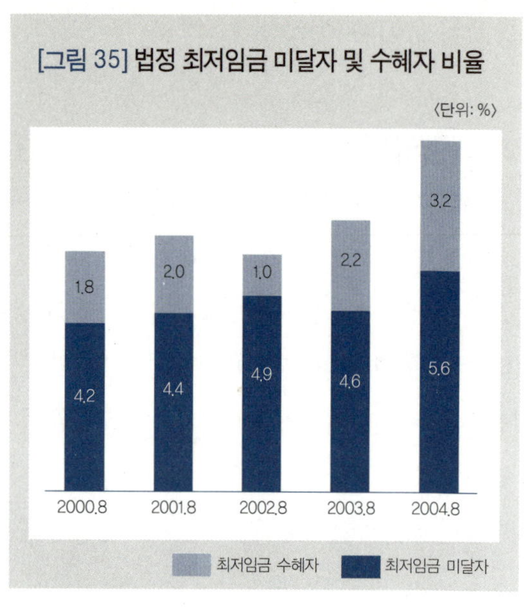

    법정 최저임금 2,840원 미만인 노동자 125만 명을 고용형태별로 살펴보면,
정규직은 7만 명(5.8%), 비정규직은 118만 명(94.2%)으로 비정규직이 대다수를
차지하고 있다. 성별혼인별로는 기혼여자 65만 명(51.8%), 기혼남자 25만 명
(19.8%), 미혼여자 19만 명(14.8%), 미혼남자 17만 명(13.5%)으로 기혼자가 전체
의 2/3 이상을 차지하고 있다. 학력별로는 고졸 이하가 113만 명(90.7%)으로 저학
력층에 집중되어 있고, 연령계층별로는 55세 이상 37만 명(29.6%), 25세 미만 26
만 명(20.5%)으로 고령층과 저연령층에 집중되어 있지만, 25세 이상 55세 미만 계
층도 62만 명(49.9%)에 이르고 있다. 이들의 사회보험 가입률은 국민연금 15.2%,
건강보험 20.7%, 고용보험 15.8%이고, 노동조건 적용률은 퇴직금 11.8%, 상여금
9.2%, 시간외수당 7.4%, 유급휴가 7.1%밖에 안 된다(〈표 11〉 참조).

〈표 11〉 법정 최저임금 미만자 실태

〈2004년 8월 현재〉

		적용제외 또는 법위반(1) (2,510원 미만)		최저임금수혜자(2) (2,510~2,840원미만)		2,840원 미만 (1) + (2)	
		노동자 수 (천 명)	비율 (%)	노동자 수 (천 명)	비율 (%)	노동자 수 (천 명)	비율 (%)
전 체		798	100.0	453	100.0	1,251	100.0
고용형태	정규직	29	3.6	43	9.5	72	5.8
	비정규직	769	96.4	410	90.5	1,179	94.2
성별혼인	미혼남자	125	15.7	44	9.7	169	13.5
	기혼남자	151	18.9	97	21.4	248	19.8
	미혼여자	112	14.0	73	16.1	185	14.8
	기혼여자	410	51.4	238	52.5	648	51.8
학 력	중졸 이하	375	47.0	195	43.0	570	45.6
	고졸	356	44.6	208	45.9	564	45.1
	전문대졸	38	4.8	29	6.4	67	5.4
	대졸 이상	29	3.6	21	4.6	50	4.0
연령계층	25세 미만	169	21.2	88	19.4	257	20.5
	25~34세	107	13.4	68	15.0	175	14.0
	35~44세	131	16.4	97	21.4	228	18.2
	45~54세	130	16.3	91	20.1	221	17.7
	55세 이상	262	32.8	108	23.8	370	29.6
사회보험 적용여부	국민연금	85	10.7	105	23.2	190	15.2
	건강보험	124	15.5	135	29.8	259	20.7
	고용보험	90	11.3	108	23.8	198	15.8
노동조건 적용여부	퇴직금	65	8.1	82	18.1	147	11.8
	상여금	50	6.3	65	14.3	115	9.2
	시간외수당	36	4.5	56	12.4	92	7.4
	유급휴가	38	4.8	51	11.3	89	7.1

자료: 경제활동인구조사 부가조사(2004년 8월)

법정 최저임금 2,840원 미만인 노동자 125만 명을 고용형태별로 살펴보면, 정규직은 7만 명(5.8%), 비정규직은 118만 명(94.2%)으로 비정규직이 대다수를 차지하고 있다.

2 │ 최저임금과 평균임금인상률

최저임금제가 저임금을 일소하고 저임금 노동자의 생활조건을 개선함과 동시에, 임금소득 불평등 해소, 소득분배구조 개선에 기여하기 위해서는, 최저임금인상률이 전체 노동자의 평균임금인상률보다 높아야 한다. 그러나 지난 10여 년간 최저임금인상률은 평균임금인상률에 못 미치는 수준에서 정해졌다. 즉 1990~2003년 시간당 정액급여인상률은 평균값이 11.1%, 중위값이 11.2%인데, 시간당 최저임금인상률은 평균값이 10.3%, 중위값이 9.2%로 평균임금인상률에 못 미쳤고, 최저임금인상률이 평균임금인상률을 넘어선 것은 1991년과 1998년, 2001년 세 해뿐이다. 그 결과 '평균임금 대비 최저임금 비율'은 최저임금제 도입 당시보다 낮은 수준에 머물고 있고, 최저임금 영향률 또한 통계상 오차범위 내에 머물고 있다.

최저임금제가 저임금을 일소하고 저임금 노동자의 생활조건을 개선함과 동시에, 임금소득 불평등 해소, 소득분배구조 개선에 기여하기 위해서는, 최저임금인상률이 전체 노동자의 평균임금인상률보다 높아야 한다. 그러나 지난 10여 년간 최저임금인상률은 평균임금인상률에 못 미치는 수준에서 정해졌다.

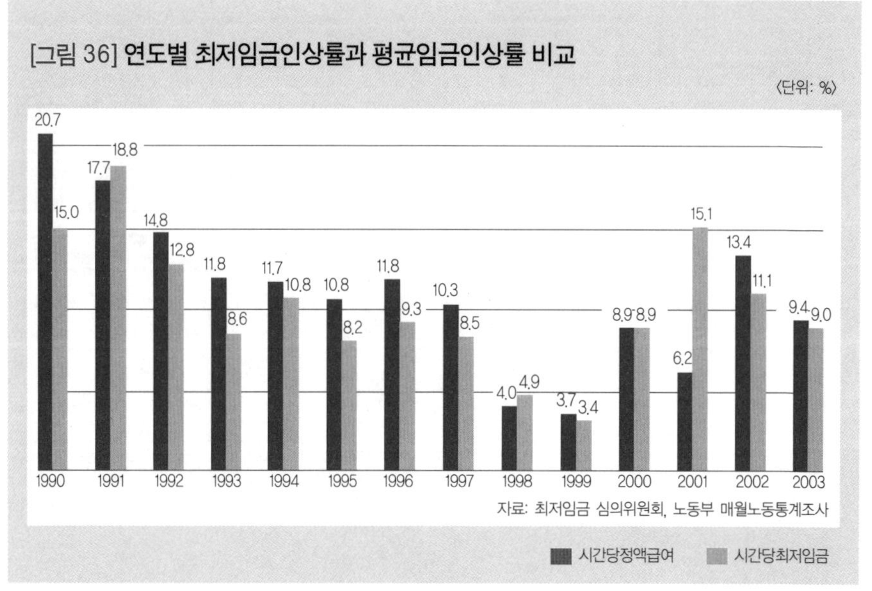

제2부 **임금정책**

제1장 노동소득 분배구조 개선의 필요성

1 | 노동소득 분배구조 개선의 필요성

전체 취업자 대비 임금노동자 비중은 1997년 63.2%에서 1998년 61.7%로 하락했
다가 이후 증가해 2003년에는 65.1%에 이르고 있다. 그러나 요소국민소득(노동

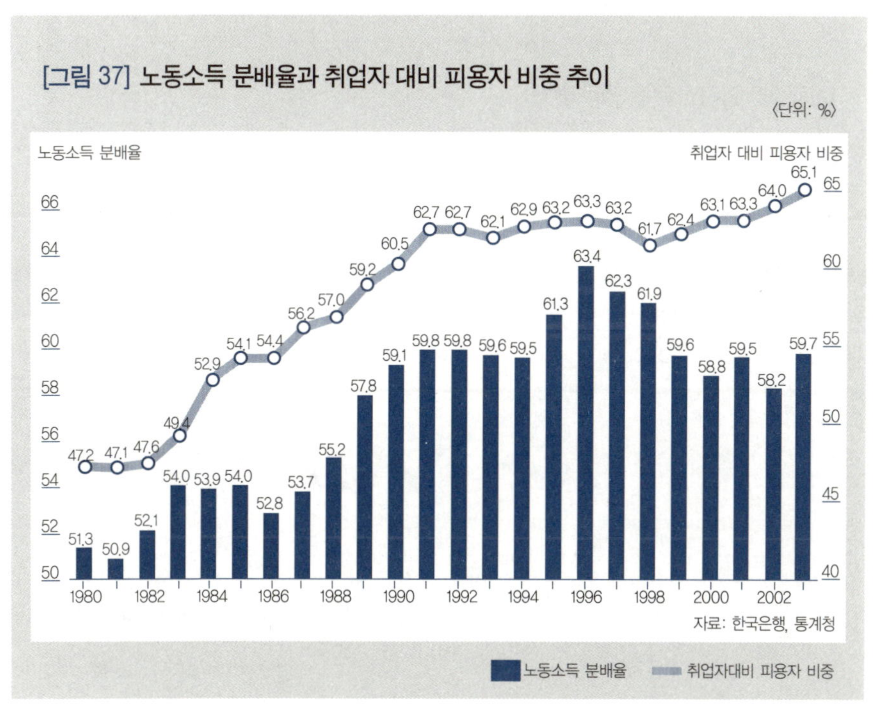

노동자 비중은 증가하고
있음에도 노동자 몫은 줄
어들고 있다.

소득＋사업소득＋자산소득) 대비 노동(임금)소득 비중인 노동소득 분배율은 1996년 63.4%를 정점으로 하락해 2003년에는 59.7%에 머물고 있다. 노동자 비중은 증가하고 있음에도 노동자 몫은 줄어들고 있는 것이다.

노동부 '임금구조기본통계조사'에서 임금소득 불평등 추이를 살펴보면, 지니계수는 1994년(0.272)을 최저점으로 2003년(0.320)까지 증가하고, '하위 10% 대비 상위 10% 임금'(P9010)은 1994년(3.64배)을 저점으로 2003년(4.35배)까지 증가하고 있다. 이러한 임금소득 불평등 증가는 노동소득 분배율 하락과 매우 밀접한 상관관계를 갖고 있는데, 노동소득 분배율과 임금소득 지니계수 사이 상관계수는 −0.935***이고, 노동소득 분배율과 '하위 10% 대비 상위 10% 임금' 사이

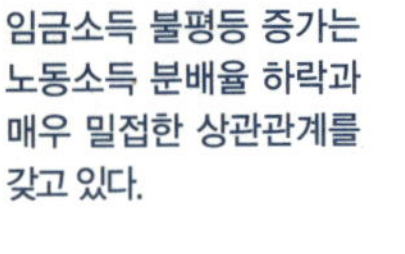

임금소득 불평등 증가는 노동소득 분배율 하락과 매우 밀접한 상관관계를 갖고 있다.

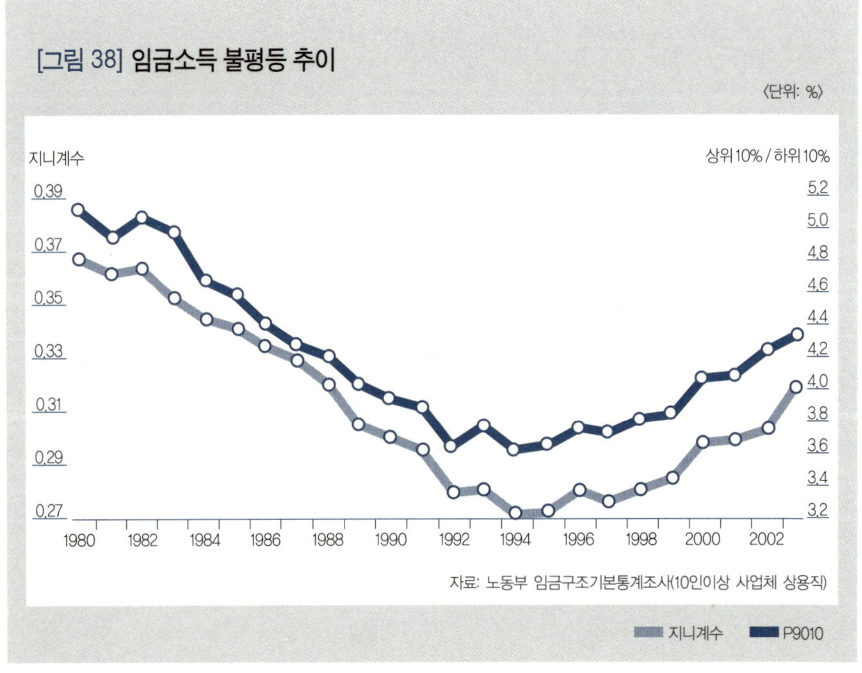

[그림 38] 임금소득 불평등 추이

상관계수는 −0.889***이다. 노동소득 분배구조 악화의 동전의 양면으로서, 노동소득 분배율과 임금소득 불평등 모두 악화되고 있는 것이다.

그런데 노동부 '임금구조기본통계조사'는 조사대상이 '10인 이상 사업체 상용직'이므로, 실제 임금소득 불평등은 이보다 클 것으로 추정된다. 실제로 전체 노동자를 대상으로 한 통계청 '경제활동인구조사 부가조사'에서 '하위 10% 대비 상위 10%' 임금은 2000년 4.94배, 2001년 5.19배, 2002년 5.50배, 2003년 5.60배로, OECD 국가 중 임금소득 불평등이 가장 높은 미국(2001년 4.33배)보다 크게 높다. 이에 따라 남녀별로 구분하여 살펴보더라도 한국의 임금소득 불평등은 OECD 국가 중 가장 높다([그림 39] 참조).

전체 노동자를 대상으로 한 통계청 '경제활동인구조사 부가조사'에서 하위 10% 대비 상위 10%' 임금은 2000년 4.94배, 2001년 5.19배, 2002년 5.50배, 2003년 5.60배로, OECD 국가 중 임금소득 불평등이 가장 높은 미국(2001년 4.33배)보다 크게 높다.

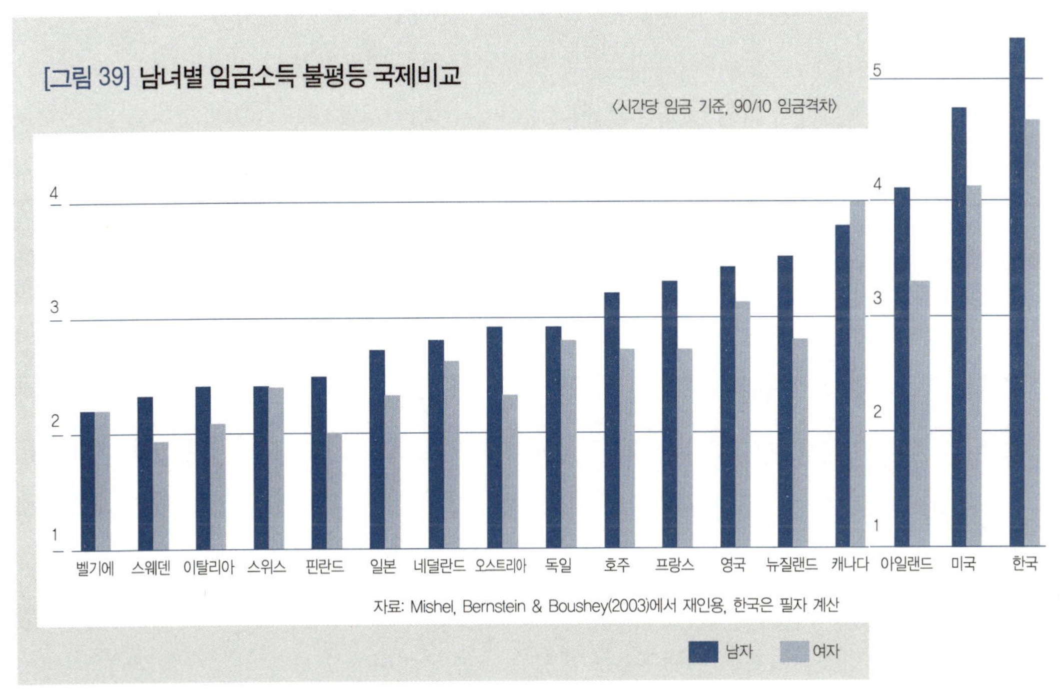

[그림 39] 남녀별 임금소득 불평등 국제비교

자료: Mishel, Bernstein & Boushey(2003)에서 재인용, 한국은 필자 계산

2 | 노동소득 분배구조가 악화된 원인

〈표 12〉는 노동소득 분배구조가 악화된 원인을 규명하기 위해 노동소득 분배율 증감요인을 시계열 분석한 결과이다. (모형 1)과 (모형 4)에서 전체 취업자 대비 노동자 비중과 노조 조직률이 증가하면 노동소득 분배율이 개선되고, 경제성장률과 비정규직 비율이 증가하면 노동소득 분배율이 악화되며, '생산성을 초과하는 임금인상'과 파업손실일수는 통계적으로 유의미한 영향을 미치지 않고 있다.

노동소득 분배율 증감 원인과 관련된 가설을 검증하면서 그 함의를 살펴보면 다음과 같다. 첫째, '경제가 성장하면 물이 흘러넘치는 효과(trickle-down effect)로 분배구조가 개선된다'는 성장과 분배의 선순환 가설은 기각된다. 경제성장 자체만으로 소득 분배구조는 개선되지 않으며 오히려 악화된다. 경제성장은 파이는 키우지만, 그 자체만으로는 파이의 분배로 이어지지 않기 때문이다.

이에 대해 성장이 분배로 이어지는 데는 시차가 있으므로 금년이 아닌 전년 경제성장률을 변수로 사용해야 한다는 지적이 있을 수 있다. 실제로 (모형 2)에서 전년 경제성장률을 변수로 사용하면 분배에 긍정적 영향을 미치는 것으로 나타난다. 그러나 '취업자 대비 노동자 비중 증가'가 유의미하지 않고, 계수 값 부호가 실업률은 (+), '광공업 취업자 비중 증가'는 (−)이다. 따라서 '통계적으로 유의미하지는 않지만 실업률이 증가하면 노동소득 분배율이 개선되고, 광공업 취업자 비중이 증가하면 노동소득 분배율이 악화된다'는 납득하기 어려운 결론이 도출된다. 이에 비해 금년과 전년 경제성장률을 변수로 사용한 (모형 3)에서 금년 경제성장률은 유의미한 (−)이고, 전년 경제성장률은 유의미하지 않은 (+)이다. 이것은 '경제성장이 시차를 두고 분배에 긍정적 영향을 미친다 하더라도, 금년 경제성장으로 악화된 분배구조를 개선할 만큼 유의미한 영향을 미치지 않는다'는 해석

〈표 12〉 노동소득 분배율 증감요인 시계열 분석 결과

〈1975~2007년, N=29〉

$D(EIDR_t)$	노동소득 분배율 증가	(모형 1)GLS	(모형 2)OLS	(모형 3)GLS	(모형 4)OLS
C	상수	3.20 (1.12) **	−0.73 (0.94)	2.04 (1.78)	2.84 (1.14) *
$D(LGDP_t)$	실질 GDP 증가율	−0.22 (0.05) ***		−0.17 (0.08) *	−0.16 (0.06) *
$D(LGDP_{t-1})$	전기 실질 GDP 증가율		0.14 (0.05) *	0.05 (0.08)	
$D(PLABEMP_t)$	취업자대비노동자 비중 증가	0.51 (0.16) **	0.32 (0.17)	0.46 (0.19) **	0.51 (0.18) **
$D(PIRREG_t)$	비정규직 비율 증가	−0.30 (0.07) ***	−0.31 (0.07) ***	−0.30 (0.07) ***	−0.34 (0.07) ***
UR_t	실업률	−0.39 (0.21)	0.07 (0.20)	−0.25 (0.28)	−0.40 (0.20)
$D(PIND2_t)$	광공업 취업자 비중 증가	0.40 (0.19) *	−0.11 (0.11)	0.29 (0.20)	0.21 (0.26)
$D(TUD_t)$	노조 조직률 증가	0.47 (0.11) ***	0.36 (0.16) *	0.44 (0.15) **	0.43 (0.18) *
$D(LSTD1000_t)$	피용자 천 명당 파업손실일수 증가				0.15 (0.14)
$D(LRWA_t)$ $-D(LGDP_t)$	10인 이상 상용직 실질임금 인상률−실질 GDP 증가율				−0.01 (0.03)
AR(1)		0.27 (0.10) *		0.24 (0.10) *	
모형의 설명력 LM test : NR^2(p값)		0.512 0.023(0.878)	0.472 1.415(0.234)	0.496 0.107(0.744)	0.439 2.135(0.144)

주: 1) ( )안은 표준오차. *는 5%, **는 1%, ***는 0.1% 유의수준에서 유의미.
　　2) Newey–West heteroskedasticity consistent covariance matrix로 계열상관과 이분산을 잡아준 결과임.

을 가능케 한다.

　　둘째, '취업자 대비 노동자 비중이 증가하면 노동소득 분배율이 개선되고, 비정규직 비율이 증가하면 노동소득 분배율이 악화된다' 는 고용구조 변화 가설은 지지된다. 그러나 실업률은 유의미하지 않다. 따라서 최근의 노동소득 분배율 악화는 비정규직 증가에 기인한다는 결론을 얻을 수 있다.

최근의 노동소득 분배율 악화는 비정규직 증가에 기인한다.

　　셋째, '노조 조직률이 증가하면 노동소득 분배율이 개선된다' 는 교섭력 변화 가설은 지지된다. 그러나 파업은 유의미한 영향을 미치지 않고 있다. 따라서 최근 노동소득 분배율 악화는 노조 조직률 하락에 기인한다는 결론을 얻을 수 있다.

노동소득 분배율 악화는 노조 조직률 하락에 기인한다.

넷째, '생산성을 초과하는 임금인상이 이루어지면 노동소득 분배율이 개선된다' 는 '생산성을 초과하는 임금인상' 가설은 기각된다. 이것은 그동안 '생산성을 초과하는 임금인상' 이 이루어지지 않았음을 의미한다. 이 밖에 무역의존도, 환율, 경제 변동성 등의 지표를 사용하여 세계화 가설을 추가로 검증하였으나 지지되지 않았다.

이상으로부터 우리는 '비정규직 남용을 제어하고 노조 조직률을 높이는 등 노동시장과 노사관계 제도를 개혁할 때만이 성장과 분배의 선순환 구조를 형성할 수 있다' 는 결론을 얻을 수 있다([그림 40] 참조).

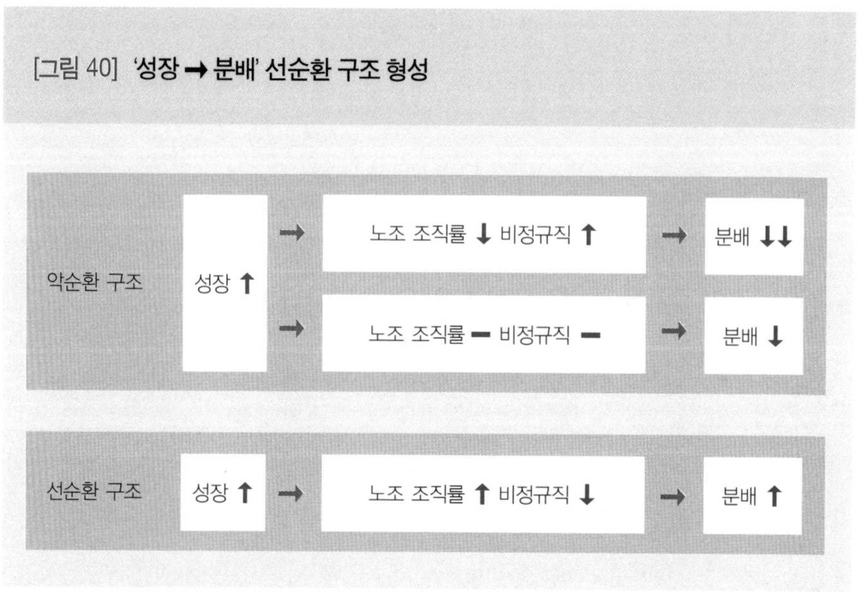

[그림 40] '성장 ➡ 분배' 선순환 구조 형성

3 | 노동소득 분배구조 악화의 사회경제적 영향

노동소득 분배구조가 악화되고 저소득층 생활난이 가중되면, 지속적인 경제성장이 위협받고 민주주의 지지 기반이 잠식되며(최장집 2004), 사회통합 또한 저해된다. 선행 연구들을 토대로 구체적 경로를 살펴보면 다음과 같다([그림 41] 참조).

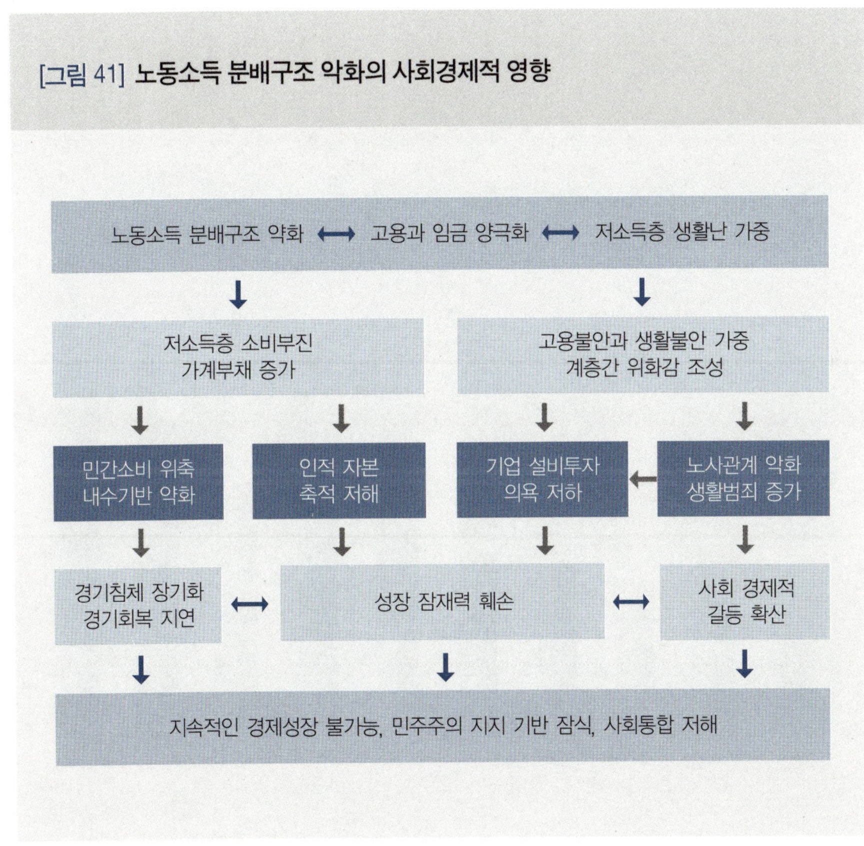

[그림 41] 노동소득 분배구조 악화의 사회경제적 영향

노동소득 분배구조가 악화되고 저소득층 생활난이 가중되면, 지속적인 경제성장이 위협받고 민주주의 지지 기반이 잠식되며, 사회통합 또한 저해된다.

첫째, 민간소비가 위축되고 가계부채가 증가하면, 내수기반이 약화되고 경기
침체가 장기화되어 성장 잠재력이 잠식된다. 흔히 김대중 정부의 신용카드 정책
실패와 소비자의 도덕적 해이에서 신용불량자 문제의 원인을 찾는 경우가 많지만,
그 뿌리에는 외환위기 이후 악화된 가계수지 적자가 깔려 있다([그림 4]참조).

둘째, 저소득층 인적자본 축적이 저해되어 성장 잠재력이 잠식된다(Perotti
1993; Galor and Zeira 1993; Deininger and Olinto 2000). 실제로 가구당 월평균 교
육비는 가구소득 1분위 계층은 1997년 6만 3천 원에서 2003년 8만 2천 원으로 1만
9천 원 증가한 데 비해, 10분위 계층은 1997년 27만 3천 원에서 2003년 42만 5천

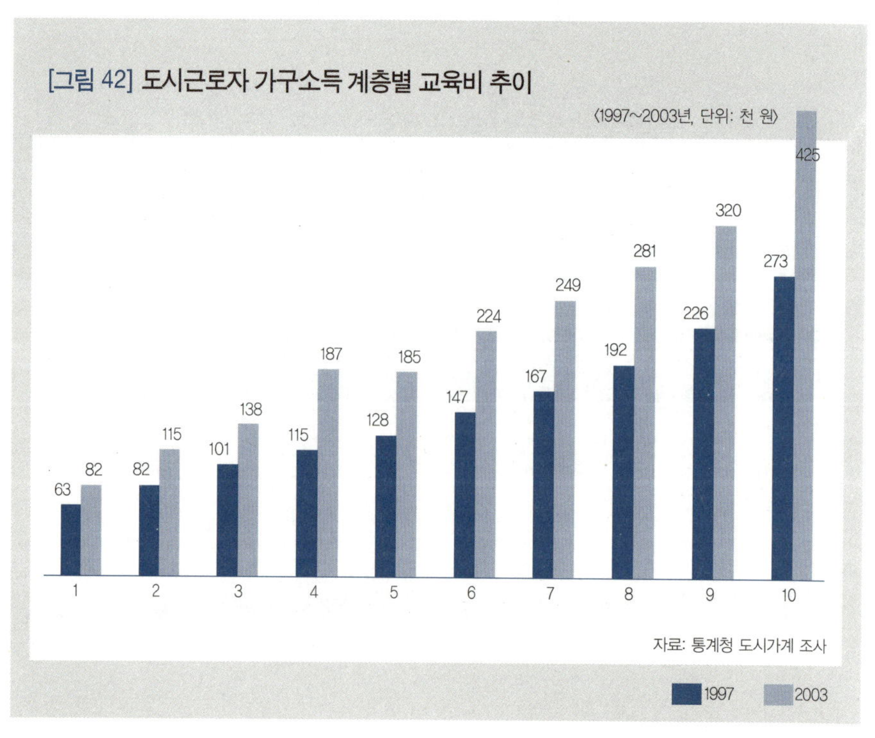

[그림 42] 도시근로자 가구소득 계층별 교육비 추이

원으로 15만 2천 원 증가했다([그림 42] 참조).

셋째, 파업이 증가하고(김유선 2004b), 생활범죄가 증가한다(Chiricos 1987; Land et al. 1990; Gould et al. 1998). 이에 따라 사회정치적 불안이 고조되고 정치경제 환경의 불확실성이 증대되면, 기업의 설비투자 의욕이 저하되고 성장 잠재력이 훼손된다(Alesina and Perotti 1996).

이 밖에도 1990년대에 이루어진 실증분석은 대부분 '불평등이 증가하면 성장률이 낮아진다'(불평등↑→ 성장↓)는 결론을 제시하고 있다(Alesina and Rodrik 1994; Persson and Tabellini 1994; Aghion et al. 1999). 이에 비해 포브스(Forbes 2000)는 '불평등이 증가하면 성장률이 높아진다'(불평등↑→ 성장↓)는 상반된 분석 결과를 제시하고, 배로(Barro 2000)는 '가난한 국가는 불평등이 성장을 저해하지만 부유한 국가는 불평등이 성장을 촉진한다'는 분석 결과를 제시하고 있다.

따라서 한국에서는 과연 불평등이 성장에 어떠한 영향을 미치는지 실증 분석할 필요가 생기는데, <표 13>은 임금소득 불평등이 경제성장에 미친 효과를 시계열 분석한 결과이다. 1990년부터 2003년까지 분석한 (모형 1)은 '총고정자본형성 증가율'과 '고졸 취업자 비중 증가' 2개 변수가 유의미하고, (모형 2)는 '총고정자본형성 증가율'과 '전분기 임금소득 불평등 증가'가 유의미하다. 임금소득 불평등이 확대된 1995년부터 2003년까지 분석한 (모형 3)과 (모형 4)에서는 '대졸 취업자 비중 증가', '임금소득 불평등 증가', '노조 조직률 증가' 3개 변수가 추가로 유의미하다.

(모형 3) 또는 (모형 4)를 중심으로 분석 결과를 살펴보면, '자본투입량과 학력 등 인적자본 증가는 경제성장에 긍정적 영향을 미치지만, 총노동시간(취업자 수 노동시간) 증가는 유의미한 영향을 미치지 않는다. 임금소득 불평등 증가는 경제성장에 부정적 영향을 미치고, 노조 조직률 증가는 긍정적 영향을 미치며, 비정

1990년대에 이루어진 실증분석은 대부분 '불평등이 증가하면 성장률이 낮아진다'는 결론을 제시하고 있다.

임금소득 불평등 증가는 경제성장에 부정적 영향을 미치고, 노조 조직률 증가는 긍정적 영향을 미치며, 비정규직 증가는 유의미한 영향을 미치지 않는다.

〈표 13〉 경제성장률 증감요인 시계열 분석별과(OLS)

$D(EIDR_t)$	실질 경제성장률	1990:1~2003:4 (N=56)		1995:1~2003:4 (N=36)	
		(모형 1)	(모형 2)	(모형 1)	(모형 2)
C	상수	0.03 (0.01)*	0.03 (0.01)*	0.01 (0.01)	0.01 (0.01)
$D(LGDPRK_t)$	총고정자본형성증가율	0.45 (0.09)***	0.49 (0.09)***	0.50 (0.11)***	0.48 (0.12)***
$DL(EMP_t*HOUR_t)$	총노동시간 증가율	0.17 (0.24)	0.02 (0.25)	0.29 (0.29)	0.44 (0.29)
$D(PEMPEH_t)$	고졸 취업자 비중 증가	2.53 (1.21)*	2.14 (1.33)	4.40 (1.25)**	4.20 (1.34)**
$D(PEMPEU_t)$	대졸 취업자 비중 증가	−0.97 (1.82)	−0.50 (1.66)	4.44 (0.91)***	5.05 (1.10)***
$D(LCPI_t)$	소비자물가상승률	−1.34 (1.28)	−1.71 (1.36)	−1.00 (0.71)	−1.16 (0.74)
$D(GINIL_t)$	임금소득 불평등 증가	0.54 (2.70)	0.53 (2.68)	−6.19 (2.20)**	−6.32 (2.05)**
$D(GINIL_{t-1})$	(1분기 전)		−1.79 (0.86)*		−1.42 (0.66)*
$D(GINIL_{t-2})$	(2분기 전)		−1.93 (0.99)		1.73 (1.31)
$D(TUD_t)$	노조 조직률 증가	7.53 (5.67)	6.63 (5.81)	9.44 (4.47)*	9.15 (4.31)*
$D(PIRREG_t)$	비정규직 비율 증가	0.13 (1.15)	0.14 (1.11)	1.62 (0.83)	1.90 (1.11)
	조정된 R^2	0.849	0.853	0.915	0.915
	LM test : NR^2(p값)	0.425(0.515)	0.062(0.803)	2.196(0.138)	1.204(0.273)

주: 〈표 12〉와 같음.

규직 증가는 유의미한 영향을 미치지 않는다' 는 사실을 확인할 수 있다.

이상으로부터 우리는 다음과 같은 결론을 도출할 수 있다. 첫째, '투입량 위주의 성장 전략' 과 '비정규직 위주의 일자리 창출 정책' 은 경제성장에 기여하지 못한다. 둘째, 노동소득 분배구조를 개선하고, 노동시장과 노사관계 제도를 개혁하며, 교육훈련 시스템을 개혁하여 인적 자본을 증대시킬 때만이 지속적인 성장이 가능하다.

4 | 소결

지금까지의 분석 결과를 종합하면 다음과 같다. "성장은 분배에 부정적 영향을 미치지만, 분배는 성장에 긍정적 영향을 미친다. 따라서 성장과 분배의 선순환 구조를 만들기 위해서는 노동시장과 노사관계 제도의 개혁이 요구된다."

외환위기 이후 정부는, 노동시장에서 발생하는 노동(임금)소득 분배구조 악화를 기정사실로 받아들인 채, 사회적 안전망 구축 등 사후적 보완책(재분배 정책)에 초점을 맞추어 왔다. 그러나 이러한 정부 정책은 ①사회적 안전망 구축 등 사후적 보완책이 실효성을 가지려면 막대한 재정이 소요되고 단기적으로 그 효과가 가시화되기 어려우며, ②현재 빠른 속도로 악화되고 있는 노동소득 분배구조를 방치한다면 수많은 노동자가 저임금과 빈곤의 덫에 빠져 설령 사회적 안전망이 구축된다 하더라도 그 수요를 감당하기 어려우며, ③노동(임금)소득은 전체 요소국민소득(노동소득＋사업소득＋자산소득) 가운데 60%를 차지하고 개인 또는 가구소득의 주요 원천임을 감안할 때, 분명한 한계가 있다. 더 이상의 소득 분배구조 악화를 방지하고 소득 분배구조를 개선하기 위해서는, 최우선적으로 노동(임금)소득 분배구조를 개선하는 데 초점을 맞추어야 한다.

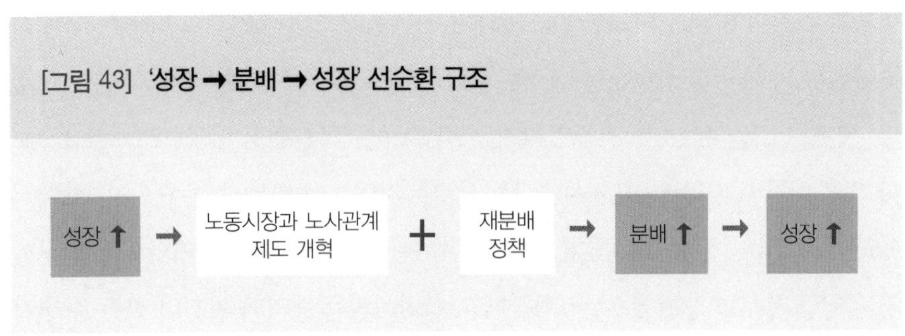

[그림 43] '성장 ➡ 분배 ➡ 성장' 선순환 구조

더 이상의 소득 분배구조 악화를 방지하고 소득 분배구조를 개선하기 위해서는, 최우선적으로 노동(임금)소득 분배구조를 개선하는 데 초점을 맞추어야 한다.

제2장 노동소득 분배구조 개선을 위한 정책 과제

1 | 비정규직 남용과 차별 제어

가. 비정규직 고용은 기업의 경쟁력을 제고시키는가?

비정규직 고용 증가는 경제성장에 긍정적 역할을 하지 못하고, 임금소득 불평등 등 노동소득 분배구조 악화를 통해 경제성장에 부정적 영향을 미친다(〈표 12〉와 〈표 13〉 참조). 그럼에도 지난 10여 년간 정부가 비정규직 증가에 적극적이었던 배경에는, '비정규직 고용을 늘리면 인건비가 절감되고 유연성이 증대되어 기업의 수익성과 경쟁력이 제고된다' 는 믿음이 전제되어 있었다. 그러나 지금까지 비정규직 고용이 기업의 경영성과를 개선했다는 증거는 발견되지 않는다.

신장섭·장하준(2003)은 한국은행 『기업경영분석』에서 매출액 대비 영업이익률과 인건비 비중을 비교한 뒤, '외환위기 이후 제조업체 인건비 비중은 대폭 하락했지만 기업의 경쟁력이 향상되었다는 증거는 발견되지 않는다' 고 결론짓고 있다. 실제로 [그림 44]에서 제조업체 인건비 비중은 외환위기 이전(12.6~14.0%)보다 외환위기 이후(9.8~10.3%) 3~4% 감소했지만, 영업이익률은 6.5~8.3%에서 5.5~7.4%로 1% 가량 감소했다. 더욱이 1976년부터 2003년까지 영업이익률과 인건비 비중 사이의 상관계수는 0.085이고, 영업이익률 증가와 인건비 비중 증가 사

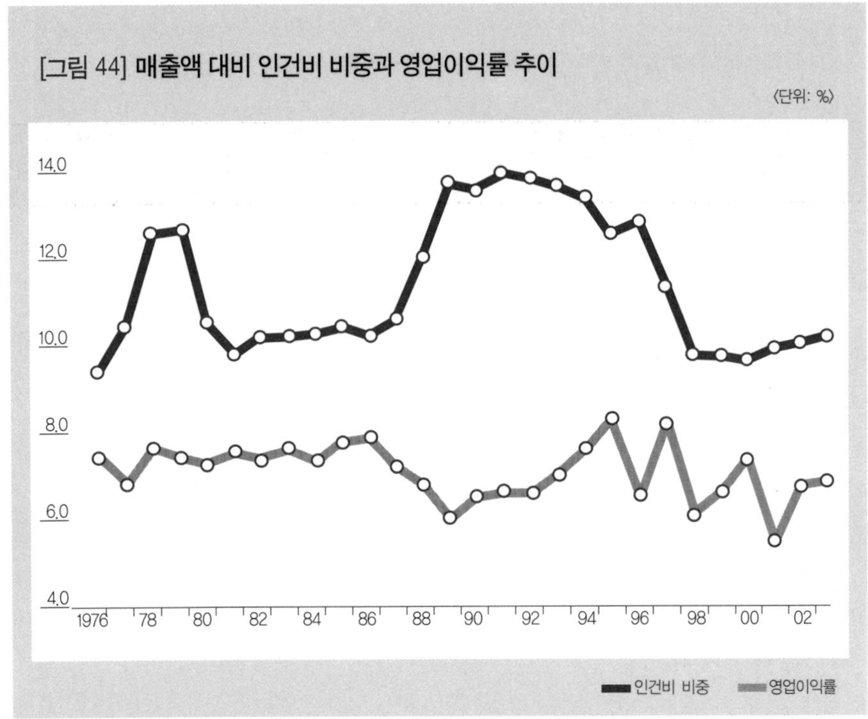

[그림 44] 매출액 대비 인건비 비중과 영업이익률 추이

<단위: %>

제조업체 인건비 비중은 외환위기 이전(12.6~14.0%)보다 외환위기 이후 3~4% 감소했지만, 영업이익률은 6.5~8.3%에서 5.5~7.4%로 1% 가량 감소했다.

이의 상관계수는 0.198로, 통계적으로 유의미한 상관관계가 발견되지 않는다.

권순식(2003)은 182개 상장 제조업체를 대상으로, 비정규직 비율과 비정규직 인사관리 제도화가 기업의 경영성과에 미치는 영향을 회귀분석한 뒤, '비정규직 고용은 기업의 수량적 유연성을 증대시키고 노무비율을 감소시키지만, 이직률을 증가시키고 노동생산성을 하락시켜, 영업이익률에 유의미하지는 않지만 부정적 영향을 미치고 있다. 비정규직 인사관리 제도화는 기업의 수량적 유연성을 낮추고 노무비율을 높이지만, 이직률을 감소시키고 노동생산성을 증가시켜, 영업이익률에 유의미하지는 않지만 긍정적 영향을 미치고 있다. 따라서 장기적인

〈표 14〉 비정규직 비율과 인력관리 제도화가 경영성과에 미치는 영향 분석 결과

	수량적 유연성	노무비율	이직률	노동 생산성	영업 이익률	영업 이익률
수량적 유연성						−0.03
노무비율						0.79 *
자발적 이직률						−0.02 *
노동생산성						0.08 **
비정규직비율	2.63 *	−0.11 **	6.66 **	−2.03 *	−0.58 *	−0.16
비정규직제도화	−0.80 **	0.02 *	−0.95 *	0.92 ***	0.17 *	0.04
모형의 설명력	0.36	0.23	0.25	0.28	0.14	0.25

자료: 권순식(2003)에서 재인용. 다른 변수는 생략.

이익 증대를 원하는 경영자는 가능한 한 비정규직 고용 증대를 피하는 것이 좋으며, 만약 피치 못해 비정규직을 고용한다 하더라도 운용에 있어 보다 신중하여야 한다' 고 결론짓고 있다.

나. 비정규직 증가, 정규직 고임금 때문인가?

우리나라에서 비정규직 문제가 사회적으로 주목받기 시작한 것은, 통계청 경제활동인구조사에서 임시일용직이 전체 노동자의 절반을 넘어선 1999년 3월부터이다. 2002년 12월 대통령 선거 때는 '비정규직 남용 규제와 차별 금지' 가 노동부문 최대 공약으로 제기되었고, 시급히 해결해야 할 과제로서 폭넓게 사회적 공감대를 형성해 왔다. 그러나 정부는 2004년 9월 '3년간 임시직 자유로이 사용, 모든 업종에서 파견근로 허용' 을 주된 내용으로 하는 비정규직 관련 법률안을 입법예고 했고, '비정규직 증가는 정규직 고임금 등 노동시장 경직성에서 비롯된 것이므로,

정규직 임금양보가 선행되어야 한다'는 등의 근거 없는 주장만 반복하고 있다.

〈표 15〉에서 (모형 1)은 김유선(2003b)이 비정규직 증감요인을 규명하기 위해 사용한 모형이고, (모형 2)는 노동시장 경직성이 어떠한 영향을 미치는지를 살펴보기 위해 법정 최저임금과 정규직(10인 이상 사업체 상용직) 임금을 설명변수로 추가한 모형이며, (모형 3)은 '10인 이상 사업체 상용직' 대신 '500인 이상 사

〈표 15〉 비정규직 비율과 증감요인 시계열 분석 결과 (1989:1~2002:11)

D(PIRREGt) : 비정규직 비율 변화		(모형 1)	(모형 2)	(모형 3)
C	상수	−0.00 (0.00)	0.00 (0.00)	0.00 (0.00)
D(PMARFEMt)	기혼여성 비율 변화	0.85 (0.36) *	0.97 (0.31) **	0.58 (0.26) *
D(POLDt)	고령층 비율 변화	−0.60 (0.40)	−0.50 (0.35)	−0.93 (0.35) *
D(PYOUNGt)	저연령층 비율 변화	0.86 (0.20) ***	0.91 (0.16) ***	0.62 (0.14) ***
D(PEDU1t)	저학력층 비율 변화	0.68 (0.20) ***	0.67 (0.16) ***	0.86 (0.16) ***
D(LIPIt)	산업생산지수 변화율	0.03 (0.01) **	0.02 (0.01)	0.01 (0.01)
D(LEXCHANt)	대미달러환율 변화율	−0.00 (0.01)	−0.01 (0.01)	−0.01 (0.01)
D(PIND32t)	3차/2차산업 변화	0.09 (0.03) **	0.06 (0.02) *	0.04 (0.02)
D(URt)	실업률 변화	−0.01 (0.00) ***	−0.01 (0.00) ***	−0.01 (0.00) ***
LIPI_CCt	경기순환변동	−0.04 (0.02) *	−0.04 (0.02) *	−0.03 (0.01) *
LIPI_SCt	계절변동	−0.01 (0.02)	−0.01 (0.01)	−0.02 (0.02)
D(PLC2t)	비노동임금비용 변화	−0.02 (0.06)	−0.00 (0.04)	0.03 (0.04)
D(TUDt)	노조 조직률 변화	−3.38 (1.26) **	−3.50 (0.87) ***	−5.09 (0.76) ***
D(LMINIWHt)	법정 최저임금 변화율		−0.07 (0.02) **	−0.03 (0.02)
D(LHWRt)	시간당 정액급여 변화율		0.00 (0.01)	
D(LHWR5t)	(500인 이상 사업체)			−0.00 (0.01)
AR(1)		0.28 (0.10) **	0.30 (0.08) ***	0.38 (0.12) **
AR(2)		0.20 (0.06) **	0.27 (0.07) ***	
조정된 R^2		0.81	0.84	0.84
LM test : NR^2(p값)		3.66 (0.16)	3.62 (0.16)	0.96 (0.33)

주 : 1) ( )안은 표준오차. *는 5%, **는 1%, ***는 0.1% 유의수준에서 유의미.
　　2) Newey−West heteroskedasticity consistent covariance matrix로 계열상관과 이분산을 잡아준 결과임.

노동시장 경직성(제도) 때문에 비정규직이 증가한 것이 아니라, 기업 또는 시장의 횡포를 제어할 노동시장 경직성(제도)의 결여 때문에 비정규직이 증가했다. 대기업 정규직의 임금 인상은 비정규직 증가를 가져오지 않았다.

업체 상용직' 임금을 설명변수로 사용한 모형이다.

실증분석 결과 노조 조직률과 법정 최저임금은 유의미한 (−)이고, (대기업) 정규직의 임금인상은 유의미하지 않다. 즉 노조 조직률이 증가하고 법정 최저임금이 인상되면 비정규직 비율이 감소하지만, (대기업) 정규직의 임금인상은 비정규직 비율에 유의미한 영향을 미치지 않는다. 따라서 "노동시장 경직성(제도) 때문에 비정규직이 증가한 것이 아니라, 기업 또는 시장의 횡포를 제어할 노동시장 경직성(제도)의 결여 때문에 비정규직이 증가했다. 대기업 정규직의 임금인상은 비정규직 증가를 가져오지 않았다"는 결론을 도출할 수 있다.

다. 비정규직 문제를 해결하려면 정규직의 임금양보가 선행되어야 하는가?

"비정규직 문제를 해결하려면 정규직의 임금양보가 선행되어야 한다"는 주장 역시 19세기에 유행한 낡은 '임금기금설'의 한 변종일 뿐이다. 노동자들이 가져갈 몫은 정해져 있는데, 비정규직들이 극도로 낮은 임금을 받는 것은 그만큼 정규직들이 많이 가져갔기 때문이라는 것이다. 그러나 이러한 '임금기금설'이 타당성을 가지려면 적어도 노동소득 분배율이 하락하지 않아야 한다. 그러나 [그림 37]에서 살펴본 바와 같이, 취업자 대비 노동자 비중은 1998년 61.7%에서 2003년 65.1%로 증가했음에도, 노동소득 분배율은 1996년 63.4%를 정점으로 2003년 59.7%로 하락했다. 정규직 노동자들이 비정규직 노동자들의 몫을 떼어간 것이 아니라, 기업주들이 비정규직 노동자들의 몫을 떼어간 것이다.

이에 대해 '기업주들이 비정규직 몫을 떼어간 것은 사실이지만 정규직도 생산성을 상회하는 임금인상으로 비정규직 몫 가운데 일부를 떼어갔다'는 반론이 있을 수 있다. 그러나 이러한 반론은 타당성이 없다. 앞서 [그림 7]에서 정규직(10

인 이상 사업체 상용직)은 '경제성장률＋물가상승률' 에 근접하는 임금인상이 이루어졌지만, 10인 미만 영세업체와 비정규직 임금인상률은 '경제성장률＋물가상승률' 에 크게 못 미쳤고, 〈표 12〉에서 '그동안 생산성을 상회하는 임금인상이 이루어지지 않았음' 을 재확인한 바 있다. 따라서 정규직이 비정규직 노동자들 몫 가운데 일부를 떼어갔다는 증거는 발견되지 않는다.

라. 대기업 정규직이 나서야 한다

그렇다면 '대기업 정규직 노동자들은 중소영세업체 비정규직 문제에 대해 아무런 책임이 없고 무관심해도 된다는 얘기이냐' 는 반론이 있을 수 있다. 물론 그렇지 않다. 대기업 정규직에게도 책임은 있다. 그러나 가해자 내지 원인 제공자로서가 아니라, 당장 발등에 떨어진 불을 끄기에도 급급한 나머지 상대적으로 무관심했거나, 힘이 모자라 정부와 재계가 주도한 비정규직 남용과 차별 확산을 막지 못한 점에 책임이 있다. 비정규직 문제 해결에 관한 정부의 올바른 정책 의지를 기대할 수 없고, 비정규직 노동자들 스스로 자신을 보호할 역량을 갖추지 못한 상태에서, 이제 대기업 정규직 노동자들이 나서야 한다. 그것은 노동자 계급 내부적으로 통일 단결의 기반이 무너지는 것을 더 이상 방치할 수 없기 때문이다.

　2004년에는 대기업 정규직 노조들이 비정규직 문제 해결에 나서기 시작했음을 보여주는 많은 사례들이 있었다. 금호타이어 등에서는 정규직 노조가 적극 나서 비정규직을 정규직으로 전환했고, 민주노총 집계에 따르면 2004년 9월 현재 단체교섭을 타결한 400개 노조 가운데 136개 노조(34%)에서 비정규직 정규직화와 차별철폐, 균등대우, 비정규직 임금인상 등에 합의했다. 사회공헌기금을 사회적 의제로 제기했고, 과거 어느 때보다 최저임금제에 대한 관심이 높았으며, 11월

앞으로 한국의 노동조합운동은 '계급적 단결' 을 기치로 이러한 성과를 한 단계 발전시켜 비정규직 남용과 차별을 막는 데 앞장서야 할 것이다.

에는 비정규직 남용을 조장하는 정부 입법 예고안을 저지하기 위해 15만 명이 참여한 총파업 투쟁을 전개하기도 하였다. 앞으로 한국의 노동조합운동은 '계급적 단결'을 기치로 이러한 성과를 한 단계 발전시켜 비정규직 남용과 차별을 막는 데 앞장서야 할 것이다.

2 | 최저임금수준 현실화

OECD(1998)는 "최저임금제는 임금소득 불평등을 완화하며, 노동자 가구의 빈곤을 축소하고 소득 분배구조를 개선한다. 여성, 파트타임 등 성인 노동에 대한 최저임금의 부정적 고용효과는 발견되지 않는다"고 결론짓고 있다.

그러나 우리나라에서 최저임금제는 적용 대상이 제한적이고 수준이 비현실적으로 낮아, 본연의 목적인 '저임금 계층 일소, 임금격차 해소, 소득분배구조 개선'에 기여하지 못하는, 있으나마나 한 제도로 평가되어 왔다. 이것은 김대중 정부 때 김유배(2000) 노동복지수석이 "현재 유명무실해진 최저임금 제도를 현행 5인 이상 사업장에서 전 사업장으로 확대적용하고, 비현실적으로 낮은 최저임금수준을 현실화하여 저소득 근로자들을 실질적으로 보호하는 정책이 필요합니다"라고 얘기한 데서도 확인할 수 있다. 외환위기 이후 임금소득 불평등도가 빠른 속도로 확대되고 저임금 계층이 양산되면서, 저임금 노동자 보호와 사회보장 정책의 일환으로 최저임금제에 대한 사회적 관심이 높아지고 있지만, 아직까지 최저임금수준은 개선되지 않고 있다.

〈표 16〉은 모든 노동자에게 최저임금이 적용된다고 가정할 때, 최저임금 수

준별로 수혜자 수, 수혜자 비율, 직접임금비용, 수혜자 임금인상률(중위값 기준)을 경제활동인구조사 부가조사(2004년 8월)에서 계산한 결과이다. 경제활동인구조사 부가조사에서 노동시간은 평소 근로시간을 사용하느냐, 실 근로시간을 사용하느냐에 따라 얼마간 차이가 있다. 결측치가 없는 평소근로시간을 기준으로 그 결과를 살펴보면 다음과 같다.

첫째, 2004년 8월 현재 법정 최저임금(2,510원) 미만을 일소하는 데 드는 비용은 전체 노동자 임금총액의 0.45%에 불과하다. 현행법상 최저임금 적용대상 제외를 삭제하고 탈법적으로 최저임금을 지급하지 않는 사업주들을 엄격하게 단속하여 모든 노동자에게 최저임금을 적용하면, 그 수혜자는 85만 명(전체 노동자의 5.8%)이고, 이들의 임금은 평균 21.5% 인상된다.

〈표 16〉 **최저임금 수혜자 수, 비율, 직접임금비용, 인상률**

〈단위: 원, 천 명, %〉

	평소 근로시간 기준					실 근로시간 기준				
	시급	수혜자 수	수혜자 비율	직접 임금비용	수혜자 인상률	시급	수혜자 수	수혜자 비율	직접 임금비용	수혜자 인상률
법정 최저임금										
03.9 ~ 04.8	2,510	849	5.8	0.45	21.5	2,510	798	5.6	0.42	22.1
04.9 ~ 05.8	2,840	1,280	8.8	0.76	23.3	2,840	1,251	8.8	0.71	23.3
중위임금 50%	3,084	1,783	12.2	1.09	20.5	3,070	1,618	11.4	1.01	21.9
평균임금 40%	3,129	1,818	12.5	1.16	22.3	3,277	2,030	14.3	1.34	23.3
평균임금 50%	3,911	3,534	24.2	2.95	27.4	4,097	3,699	26.1	3.39	29.0
중위임금 2/3	4,112	3,891	26.7	3.60	28.6	4,094	3,699	26.1	3.38	28.9

자료 : 경제활동인구조사 부가조사(2004.8)

주 :　1) 최저임금 적용대상 제외자가 없고, 모든 노동자에게 최저임금이 적용된다고 가정할 때 계산 결과임.
　　　2) 직접임금비용=수혜자 임금인상액÷합계 전체 노동자 임금총액×100
　　　3) 수혜자 인상률은 '수혜자 임금인상액÷수혜자 임금×100'의 중위값임.
　　　4) '평소 근로시간 기준'은 조사대상자가 전체 노동자(1,458만 명)이지만, '실 근로시간 기준'은 조사기간 중 실근로시간이 0인 사람이 44만 명으로 결측치가 44만 명 발생하고 조사대상자가 1,415만 명으로 줄어듦.

둘째, 2004년 9월부터 2005년 8월까지 적용될 법정 최저임금(2,840원) 미만을 일소하는 데 드는 비용은 전체 노동자 임금총액의 0.76%이다. 수혜자는 128만 명(전체 노동자의 8.8%)이고, 이들의 임금은 평균 23.3% 인상된다. 그렇지만 2004년 8월 현재 법정 최저임금을 지급받지 못하던 사람들이 2004년 9월 법정 최저임금인상으로 혜택을 봤다고 볼 수 없다. 따라서 2004년 9월부터 인상된 법정 최저임금의 실제 수혜자 수는 43만 명(전체 노동자의 3.0%)이고, 기업이 부담한 직접임금비용은 최대 0.31%에 불과한 것으로 추정된다.

셋째, 만약 2004년 9월부터 2005년 8월까지 적용된 법정 최저임금이 '평균임금의 40%'에서 결정되고, 법 개정 등을 통해 모든 노동자에게 최저임금이 적용된다고 가정하면, 최저임금인상에 따른 수혜자는 54만 명(전체 노동자의 3.7%)이 증가한 182만 명(전체 노동자의 12.5%)이 되고, 기업이 부담할 직접임금비용은 0.4% 증가한 1.2%가 된다. 여기서 직접임금비용은 시간당 정액급여를 기준으로 계산했고, 최저임금 적용대상인 저임금 노동자들은 상여금 지급률이 크게 낮으므로, 실제 직접임금비용은 1.2%에 못 미칠 것이다.

넷째, 만약 2004년 9월부터 2005년 8월까지 적용된 법정 최저임금이 민주노총과 한국노총이 요구하는 '평균임금의 50%'에서 결정되고, 법 개정 등을 통해 모든 노동자에게 최저임금이 적용된다고 가정하면, 최저임금인상에 따른 수혜자는 252만 명(전체 노동자의 15.4%)이 증가한 353만 명(전체 노동자의 24.2%)이 되고, 기업이 부담할 직접임금비용은 1.8% 증가한 3.0%가 된다. 여기서 직접임금비용은 시간당 정액급여를 기준으로 계산했고, 최저임금 적용대상인 저임금 노동자들은 상여금 지급률이 크게 낮으므로, 실제 직접임금비용은 3%에 못 미칠 것이다.

이상으로부터 우리는 다음과 같은 결론을 도출할 수 있다. "2005년에 최저임금을 '평균임금의 50%' 로 끌어올리는 것은 무리가 있다. 그러나 '평균임금의 40%' 로 끌어올리는 것은 무리가 없다. 따라서 2005년에는 시간당 정액급여 기준으로 '평균임금의 40%' 를 확보하고, 2006년에는 '평균임금의 45%', 2007년에는 '평균임금의 50%' 를 확보하는 방향에서 최저임금수준을 단계적으로 현실화해야 한다."

이 밖에 최저임금제가 극도의 저임금을 일소하는 데 일차적 목적이 있음을 감안할 때, 가내근로자, 감시·단속적 근로자를 비롯한 모든 노동자에게 최저임금 적용대상을 확대하고, 최저임금 위반업체를 엄격히 단속하여 극도의 저임금을 일소해야 한다. 감시·단속적 근로자에게 시간급 기준으로 법정 최저임금을 적용하는 것이 무리라면, 과도적으로 시간급을 감액 적용하거나 월임금총액 등 기준을 달리 하여 법정 최저임금을 적용하는 방안을 강구할 필요가 있다.

> **참고** | 최저임금수준 개선을 논의할 때 유의사항
>
> 첫째, 최저임금수준 개선을 논의할 때 이용 가능한 자료는 경제활동인구조사 부가조사, 임금구조기본통계조사, 매월노동통계조사 등 세 가지가 있다. 그러나 〈표 17〉에서 알 수 있듯이 이들 자료는 각기 장단점이 있다. 최저임금의 사회경제적 효과 등을 분석할 때는 경제활동인구조사 부가조사와 임금구조기본통계조사 원자료를 사용하는 것이 불가피하지만, 최저임금수준을 심의할 때는 자료의 이용 가능성 등을 감안하여 매월노동통계조사를 사용하는 것이 간편할 것으로 판단된다.
>
> 둘째, OECD와 EU는 저임금 기준으로 '중위임금의 2/3' 를 사용하고 있다.

그러나 국내에서는 중위값(median)보다 평균값(mean) 개념이 익숙하고, 매월 노동통계조사에서는 중위값을 계산할 수 없다. 더욱이 〈표 17〉의 이용 가능한 세 가지 자료에서 평균값은 대체로 일치하지만, 중위값은 사용하는 자료와 기준에 따라 차이가 크다. 따라서 최저임금수준을 심의할 때는 매월노동통계조사에서 '정액급여 평균값'을 사용하는 것이 무리가 적을 것으로 판단된다.

셋째, 2005년 9월부터 2006년 8월까지 적용할 최저임금수준은 2005년 5~6월경에 심의한다. 이 때 매월노동통계조사는 2005년 3월, 임금구조기본통계조사는 2003년(또는 2004년) 6월, 경제활동인구조사 부가조사는 2004년 8월 자료가 이용 가능하다. 따라서 최저임금수준을 심의할 때는 예측치를 사용하게 되는데, 예측치란 항상 오차가 발생하기 마련이므로, 최저임금을 심의·결정한 뒤에는 최저임금수준과 영향을 재평가하고, 다음 해 최저임금 심의·결정 과정에 반영하는 것이 필요하다.

〈표 17〉 통계 자료의 성격

조사기관	통계청	노동부	
조사명칭	경제활동인구조사 부가조사	임금구조 기본통계조사	매월노동통계조사
조사대상	전체 노동자	5인 이상 사업체 상용직 (임금수준 고평가 가능성)	
조사방법	가구조사 (임금수준 저평가 가능성)	사업체조사	
조사항목	임금총액 (임금수준 고평가 가능성)	정액급여, 특별급여, 초과급여	
계산가능	평균값, 중위값		평균값
조사주기	연1회(8월)	연1회(6월)	매월
자료이용가능시점	10개월 전	1~2년 전	3개월 전

3 | 노동소득 분배구조 개선과 임금격차 해소를 위한 연대임금정책

가. 임금투쟁의 목표

1987년 노동자 대투쟁 이후 한국의 노동조합운동은 매년 '임금인상을 통한 생활조건의 유지·개선'을 목표로 투쟁을 전개해 왔고, 1990년대 중반까지 임금투쟁은 이러한 목표에 부응해 왔다. 그러나 외환위기 이후 대기업과 중소기업 사이의 경제력 격차가 확대되고 비정규직 남용과 차별이 심화되면서, 임금투쟁은 '대기업 정규직의 생활조건 유지·개선'에는 기여하지만, 그 성과가 '중소영세업체 비정규직의 생활조건 유지·개선'으로 이어지지 않는 한계를 드러내고 있다. 이에 따라 대기업 정규직과 중소영세업체 비정규직 사이의 임금격차가 확대되고, 노동자 계급 내부적으로 통일 단결의 기반이 무너지고 있다. 앞으로 임금투쟁은 '임금인상을 통한 생활조건의 유지·개선'을 넘어서서, '노동소득 분배구조 개선과 임금격차 해소'라는 보다 목적의식적인 목표를 가지고 추진될 필요가 있다.

나. 2005년 임금인상 전망

노동소득 분배구조가 개선되려면 '경제성장률 + 물가상승률'을 상회하는 수준에서 임금인상이 이루어져야 한다. 그러나 지난 10여 년간 전체 노동자 임금인상률은 '경제성장률 + 물가상승률'에 크게 못 미쳤고, 정규직(10인 이상 사업체 상용직) 임금인상률은 '경제성장률 + 물가상승률'에 조금 못 미쳤다. 2004년 1~3사분기 경제성장률(장기추세선 기준)은 전년 동기 대비 4.8%이고, 2005년 잠재성장률은 4.5%이지만, 최근 경제 환경이 악화되면서 2005년 경제성장률은 4.0% 안팎으로 전망된다. 2004년 1~11월 물가상승률(장기추세선 기준)은 전년 동기 대비 3.7%이지만, 2005년 물가상승률은 내수 부진 등으로 소폭 하락한 3.5% 안팎으로 전망된다. 따라서 2005년 임금인상률은 2004년 실적치를 기준으로 하면 8.5%, 2005년 전망치를 기준으로 하면 최소한 7.5%는 되어야 한다([그림 45]와 [그림 46] , 〈표 18〉 참고).

2004년 1~9월 현재 정규직 임금인상률(장기추세선 기준)은 시간당 정액급

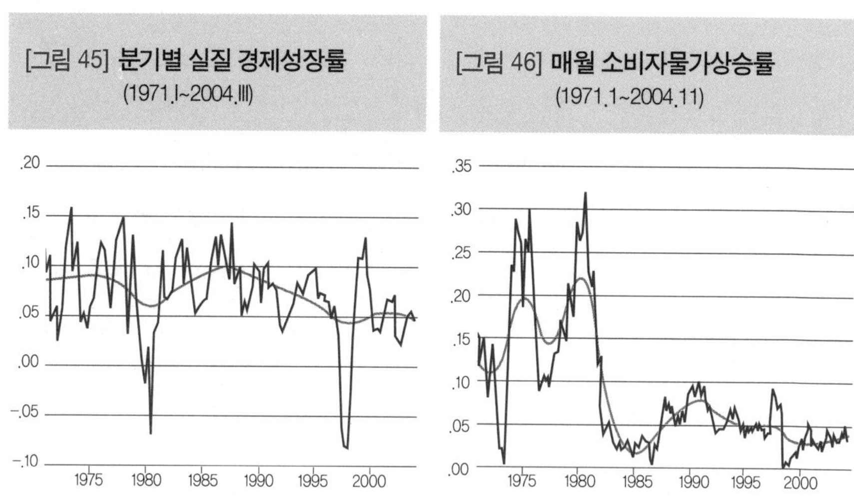

〈표 18〉 기관별 2004~2005년 경제성장률과 물가상승률 전망치

		한국은행	삼성경제연구소	현대경제연구소	노동사회연구소
2004년	경제성장률(%)	4.7	4.8	4.8	4.8
	물가상승률(%)	3.6	3.7	3.6	3.7
2005년	경제성장률(%)	4.0	3.7	4.0	4.0
	물가상승률(%)	3.0	3.3	3.4	3.5

[그림 47] 매월 시간당 정액급여인상률 (1994.1~2004.9)	[그림 48] 매월 시간당 총액임금인상률 (1994.1~2004.9)
	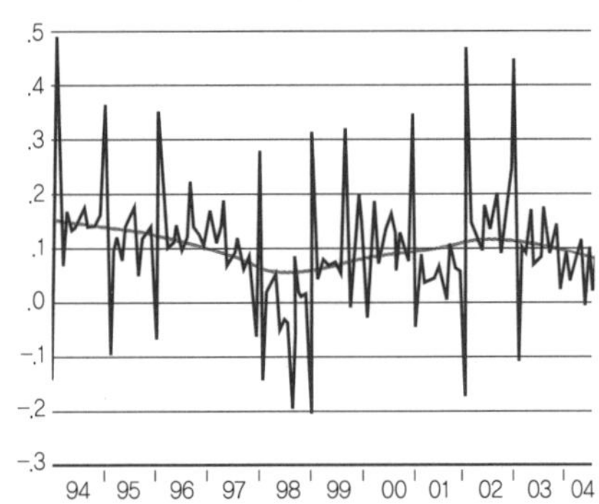

여 기준 8.5%, 총액임금 기준 8.0%이고, 2005년에는 이보다 낮은 7.0% 수준으로 전망된다. 따라서 2005년에도 정규직 임금인상률은 '경제성장률 + 물가상승률'에 못 미칠 전망이다([그림 47]과 [그림 48] 참조).

다. 2005년 임금인상 요구

앞서 2005년 '경제성장률 + 물가상승률'은 7.5%이지만 정규직 임금인상률은 이보다 낮은 7.0% 수준으로 전망했다. 노동조합운동 차원에서 특단의 대책이 없는 한 중소영세업체 비정규직 임금인상률은 이보다 낮을 것이며, 설령 중소영세업체 비정규직 임금인상률이 대기업 정규직과 같거나 높더라도 임금인상액은 대기업 정규직보다 낮을 것이다. 이에 따라 2005년 노동소득 분배구조는 더욱 악화될 가능성이 높다.

사회 일각에서는 중소영세업체 비정규직의 임금을 끌어올리려면 대기업 정규직의 임금인상 자제가 선행되어야 한다고 주장한다. 그러나 노조 조직률이 10%대에 불과한 기업별 노조 체제에서, 설령 대기업 정규직이 임금인상을 자제한다 하더라도 그만큼 중소영세업체 비정규직 임금인상으로 이어진다는 보장이 없고, 대기업 정규직의 낮은 임금인상은 중소영세업체 비정규직의 더 낮은 임금인상으로 귀결되기 쉽다는 점에서 이러한 주장은 타당성이 없다.

따라서 2005년에는 '경제성장률 + 물가상승률' 을 기준으로 임금인상을 요구하되, 중소영세업체 비정규직은 '경제성장률 + 물가상승률 + (노동소득 분배구조 개선 또는 임금격차 해소 분)' 으로 더 많은 임금인상을 요구하고 이를 관철시켜야 한다. 또한 전 산업 차원에서 법정 최저임금수준을 끌어 올림과 동시에, 산업 또는 기업 차원에서는 이를 상회하는 최저임금을 확보해야 한다. 이것은 '중소영세업체 비정규직에게 더 많은 임금을!' 로 정식화할 수 있다.

라. 2005년 제도개선 요구

설령 산별교섭에서 '중소영세업체 비정규직에게 더 많은 임금인상' 을 지급하기로 노사간에 합의가 이루어졌다 하더라도, 경제력 격차가 극심하고 노조도 없는 중소영세업체에서 과연 이러한 합의가 지켜질 수 있는가 하는 문제는 여전히 남는다. 동일 기업 내 비정규직이라면 합의사항 이행은 문제가 되지 않는다. 그러나 기업 울타리를 넘어서면 합의사항이 이행되리라는 보장이 없다. 따라서 이 점과 관련해서는 해당 산업의 구체적 실정에 따라 합의사항 이행이 가능한 제도적 장치를 확보해야 한다.

예컨대 제조업은 300인 이하 중소기업 가운데 2/3가 대기업의 하청업체이고,

이들 하청업체의 원청업체 의존도는 80%가 넘는다. 따라서 대기업 정규직 노조는 임금교섭을 타결지을 때 '회사가 하도급 또는 용역 단가를 책정할 때 협약 임금을 반영할 것'을 임금협약으로 명문화하고 그 이행을 강제해야 한다. 정부는 원청업체가 하도급 또는 용역 단가를 책정할 때 중소하청업체 노동자들에게 협약 임금을 반영하고 지급하는지를 감독하고 그 이행을 강제하는 제도적 장치를 마련해야 한다.

초중등 교원 40만 명에게는 국공립사립학교 모두 하나의 임금체계가 적용되고, 사립학교 교원도 임금은 정부가 지급한다. 이것은 교육에 대한 국가 책임 원칙을 의무화한 것인데, 이러한 국가(또는 사회) 책임 원칙을 공공서비스업 전반으로 확장할 필요가 있다. 예컨대 의료산업 노동조합은 의료 공공성 강화를 전제로 보건의료 시스템 개혁(보건의료예산 확대, 공공의료 비율 확대, 1-2-3차 의료전달 체계 확립, 수가제도 개혁 등)을 요구함과 동시에, 의료보험 수가를 책정하는 과정에 개입하여 간호사 등 병원 필수인력의 적정임금(또는 협약임금)을 반영하고 그 이행을 강제해야 한다.[8] 또한 운수업에서는 버스 공영제를 확대하여 회사 운송 수입에 관계없이 운전기사 적정임금을 보장하는 방안을 검토할 필요가 있다.

마. 검토사항

2005년 임금인상 요구 방식과 관련해서 몇 가지 문제 제기가 가능하다. 첫째, 중소영세업체 비정규직보다는 형편이 낫지만 대기업 정규직 역시 생활이 어려운

8　현재는 의료보험 수가를 책정할 때 의사 1인당 인건비로 월 8백만 원을 반영하고 있다.

터에, 중소영세업체 비정규직에게 더 많은 임금인상을 요구하는 방식에 대해 과연 조합원들이 동의할 수 있는가이다. 그러나 이 점은 문제가 되지 않을 것으로 보인다. 그것은 어차피 대기업 정규직은 전망치에 근접하는 수준에서 임금인상이 이루어질 것이며, 설령 부분적으로 내 임금이 덜 인상된다 하더라도 중소영세업체 비정규직의 열악한 임금 및 노동조건을 개선하기 위해 '하후상박' 이 필요하다는 점은 민주노총 조합원이라면 누구나 동의할 것이기 때문이다. 더욱이 중소영세업체 비정규직의 임금인상률이 높다고 해서 반드시 임금인상액이 정규직보다 높은 것도 아니다. 만약 정규직 조합원들의 동의가 우려된다면 임금인상률을 차등 요구하는 대신, 정액 인상을 요구하면 될 것이다. 임금격차가 워낙 크기 때문에 똑같이 10만 원을 요구하더라도, 중소영세업체 비정규직 노동자들의 임금인상률은 두 배 가까이 높을 것이다. 그러나 특별한 어려움이 없다면 중소영세업체 비정규직 노동자들의 임금인상액이 더 높게끔 차등 인상을 요구하고 교섭을 타결지어야 할 것이다.

둘째, 중소영세업체 비정규직에게 더 많은 임금인상을 요구한다 하더라도, 중소영세업체 비정규직 대다수가 조직되어 있지 않은 현행 기업별 노조 체제에서, 이를 구체적으로 요구하고 실현할 주체가 형성되어 있지 않다는 점이다. 이러한 문제를 해결할 수 있는 가장 확실한 방법은, 중소영세업체 비정규직을 노조에 가입시키고 산별노조 차원에서 산별교섭을 통해 함께 싸워나가는 것이다. 그러나 이러한 과제가 단시일 내에 해결되기는 어려울 것이므로 당장 실현 가능한 방법부터 모색할 필요가 있다. 그것은 중소영세업체 비정규직이 스스로의 문제를 해결할 수 있는 주체로 성장할 때까지, 대기업 정규직 노조가 중소영세업체 비정규직의 임금인상을 대행하는 것이다. 과거 노동조합운동이 활성화되지 않았던 70~80년대에는 우리 사회 각계각층의 양심 세력이 자신의 모든 것을 희생하면서 노동자들의 생활조건 개선과 권익보장에 앞장섰다. 이제는 '계급적 연대' 내지 '노동자 계급의 통일 단결'을 기치로 대기업 정규직 노조가 앞장서서 중소영세업체 비정규직의 생활조건 개선과 권익보장에 앞장서야 한다.

4 │ 연대복지정책

대기업 정규직은 기업복지제도(사내복지기금 포함)가 상대적으로 잘 정비되어 있지만, 중소영세업체 비정규직은 기업복지제도가 없거나 적용대상에서 제외되는 경우가 많다. 기업복지제도가 노동자들 사이의 차별을 확대한다는 점에서 전면 사회화 방안도 검토할 수 있지만, 기업복지제도는 종업원의 충성도 제고 등 고유의 목적이 있으므로 이를 전면 사회화하는 것은 현실적으로 실현 가능성이 낮을 뿐만 아니라 부적절할 수도 있다. 따라서 일차적으로 기업복지제도의 수혜 대상을 동일 기업 내 비정규직 또는 중소하청업체 노동자로 확대하는 방안을 검토할 필요가 있다.

이 밖에 2004년 임금교섭 때 노동조합은 사회공헌기금 조성을 제기한 바 있다. 만약 노사가 합의해 사회공헌기금을 조성한다면 그 용도는 중소영세업체 비정규직 교육훈련기금, 복지기금, 산업발전기금 등이 될 것이나, 액수는 그리 많지 않을 수 있다. 따라서 노사가 조성한 기금에 정부 관련 기금(노동부 고용보험기금, 근로복지공단 근로복지기금 등) 중 일정액을 출연하고, 노사정 3자가 동 기금을 관리 운영함으로써 사회공헌기금을 활성화하는 방안을 검토할 필요가 있다.

5 │ 교육훈련 시스템과 연계된 숙련급 체계 형성

지금까지 국내에서는 주로 '근속에 따라 임금이 증가' 하는 데 초점을 맞추어 연공급의 부정적 측면을 강조해 왔다. 그러나 노동자의 인적 속성과 일자리 속성을 통제한 상태에서 전체 노동자를 대상으로 임금결정 요인을 추정한 결과, '남녀 · 학력 · 직종별 임금격차가 매우 크고 이러한 격차는 기본급에 반영되어 있으며, 기본급에서 근속 효과는 유의미하지 않고 경력 효과만 유의미하다. 수당에 부분적으로 근속 효과가 반영되어 있지만, 기본급은 경력에 따른 숙련급적 요소가 강하다' 는 사실을 확인할 수 있었다. 앞으로 임금체계 개편을 검토할 때는 남녀, 학력, 직종에 따른 차별이 기본급 체계 내에 구조화되어 있음에 주목하여 성별, 학력별, 직종별 차별 해소에 초점을 맞출 필요가 있다.

그런데 이러한 분석은 암묵적으로 모든 노동자가 하나의 동일한 임금함수를 적용 받는다는 가정에 따른 것으로, 실제로는 노동자의 인적 속성이나 일자리 속성에 따라 임금결정 요인이 다를 수 있다. 따라서 성별, 직종별로 임금결정 요인을 추정한 결과, '기본급에서 근속 효과는 남녀 모두, 모든 직종에서 유의미하지 않다. 경력 효과는 남녀 모두 전문가와 사무직은 크고, 판매서비스직과 생산직은 작거나 유의미하지 않다' 는 사실을 확인할 수 있었다. 또한 '임금총액에서 근속 효과는 남자는 임원관리자와 판매서비스직을 제외하면 모두 유의미하고, 여자는 기술공 및 준전문가, 사무직, 장치기계조작조립원에서 유의미하다. 상위 직종은 경력 효과가 근속 효과보다 크고, 경력이 증가할수록 임금이 유의미하게 증가하지만, 장치기계조작조립원은 경력 효과가 단기간에 정지되고(남자 2년, 여자 1년) 단순노무직은 유의미하지 않다. 장치기계조작조립원과 단순노무직에서 경력 효과가 낮거나 유의미하지 않은 것은, 이들이 담당하는 업무가 높은 숙련을 요구하지 않는 데서 비롯되는데, 이에 따라 이들 직종에서는 근속 효과가 상대적으로 강하게 부각되고 있다' 는 사실을 확인할 수 있었다.

여기서 근속을 통제한 상태에서 경력 효과는 경력에 따라 숙련·기능이 상승하며, 설령 이직을 하더라도 경력에 상응하는 임금을 받을 수 있음을 의미한다. 그러나 경력을 통제한 상태에서 근속 효과는 이직 시 임금상실 효과가 크기 때문에 노동자들은 기업의식에 사로잡히는 반면, 기업은 장기 근속자를 고용조정할 유인이 높아짐을 의미한다. 따라서 장치기계조작조립원 등 생산직에서는 교육훈련시스템과 연계된 숙련 지향적 임금·인사제도를 통해 노동자들의 숙련을 향상하고, 숙련을 임금·승진과 연계하여 동일숙련 동일처우를 실현함으로써, 노동시장 내에서 노동자들의 지위를 개선할 필요성이 더 강하다고 할 수 있다.

그런데 숙련지향적 임금·인사제도는 노사정 3자로 구성된 산업별 교육훈련위원회가 교육훈련 프로그램의 개발·실행·평가를 담당하고, 산별교섭을 통하여 숙련등급에 따른 임금률을 정하고 이에 따라 해당 산업 노동자들의 임금이 결정될 때 최종적으로 실현 가능하다. 따라서 산업별 노동조합(연맹) 차원에서 대안 모델을 구체화함과 동시에, 산업별 교육훈련위원회를 구성하기 위한 노력을 기울여야 한다.

문제는 경력 효과가 발생하지 않는 단순노무직이다. 단순노무직은 보조적인 업무에 종사하고 있어 숙련형성에 근본적인 제약이 있다. 입직 시 부여받는 하위 직급에서 상위직급으로 승진이 쉽지 않고, 설령 숙련형성에 따른 직군 전환 가능성을 열어 놓는다 하더라도 해당자는 극소수가 되기 십상이다. 이에 따라 단순노무직 남자는 근속 효과가 높고, 이것은 다시 기업으로 하여금 단순노무직을 아웃소싱하거나 비정규직으로 대체하는 유인으로 작용하고 있다. 따라서 단순노무직은 생활급을 보장받기 위해 근속에 따른 임금격차를 높이기보다는, 직무급 등을 통해 초임수준을 높이고 근속에 따른 보상을 줄이는 것이 바람직할 것으로 판단된다. 능력이나 실적에 따라 임금이 결정되는 서비스판매직 역시 능력이나 실적 여부에 관계없이 생활급을 보장할 수 있도록 임금체계를 개선할 필요가 있다.

6 │ 산별교섭 촉진과 단체협약 효력 확장

OECD(2004)는 "노조 조직률과 단체협약 적용률이 높을수록, 단체교섭이 집중적이고 조정이 원활할수록 임금소득 불평등이 낮다"는 결론을 제시하고 있다.

그런데 한국의 노동조합 조직률은 OECD 30개국 중 29위이고, 단체협약 적용률은 30위로 가장 낮다. 여기서 한국보다 조직률이 낮은 프랑스를 비롯해서 서유럽 국가들의 단체협약 적용률이 80~90%에 이르고 있는 것은, 노사간에 체결된 단체협약이 미조직 노동자들에게 확대적용되기 때문이다([그림 49] 참조). 더욱이 한국은 단체교섭이 기업별로 분권화되어 있고 '전국-산업-기업' 사이에 조정이 원활하지 않아, 미국, 영국 등과 함께 집중도와 조정도가 가장 낮은 것으로 평가되고 있다([그림 50] 참조).

임금소득 불평등을 줄이고 노동소득 분배구조를 개선하기 위해서는, 노조 조직률을 제고하고 산별노조를 건설하며, 산별교섭을 촉진하고 단체협약 효력을 확장하며, '전국-산업-기업' 을 잇는 중층적 노사관계를 구축하는 등 노사관계 측면에서의 노력이 요구된다. 이 밖에 사업장 단위 복수노조 금지조항을 삭제하고 공무원 노조를 합법화하며, 지역적 구속력 조항을 개정하고 산업 차원의 일반적 구속력 조항을 신설하며, 기업별 노조·교섭체제를 전제로 작성된 조항을 개

[그림 49] 노동조합 조직률과 단체협약 적용률 국제비교

<단위: %>

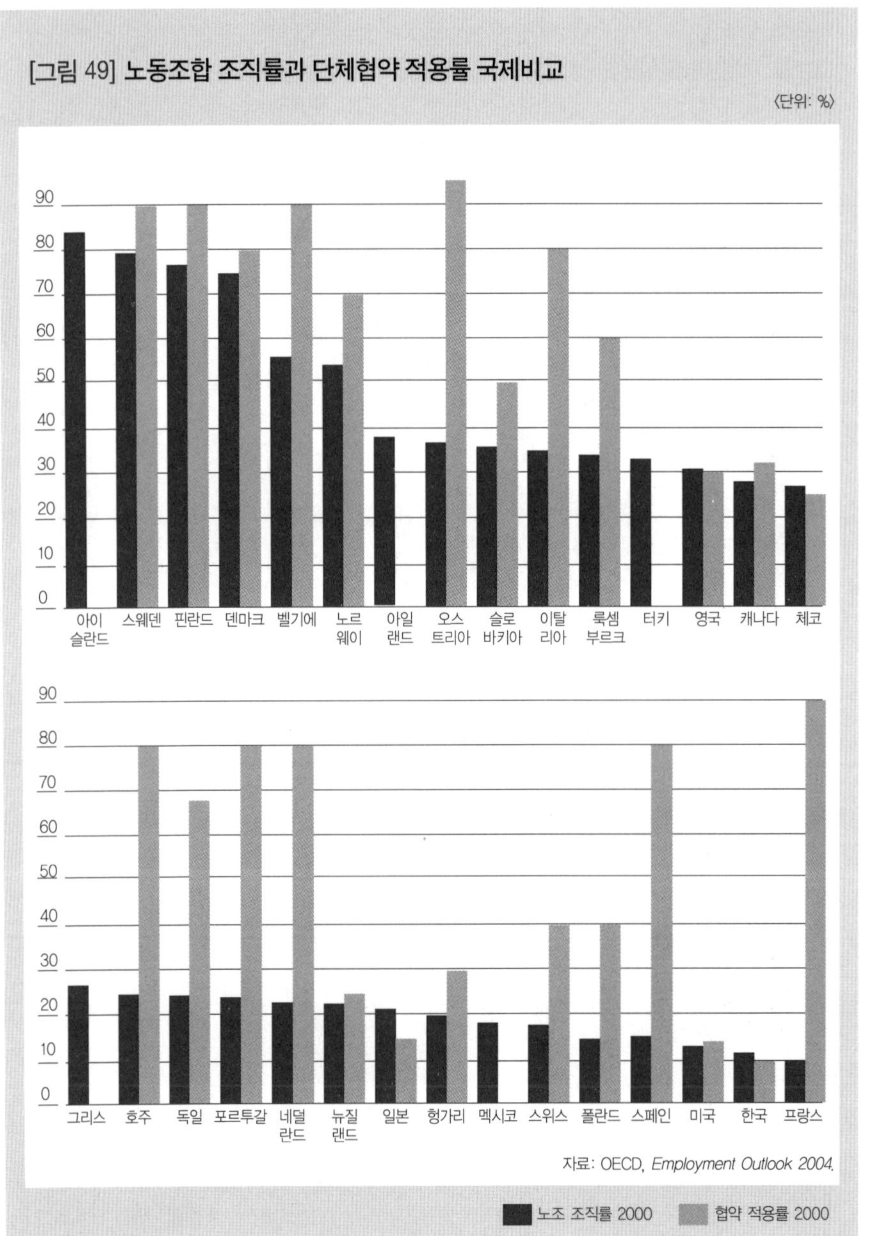

한국의 노동조합 조직률은 OECD 30개국 중 29위이고, 단체협약 적용률은 30위로 가장 낮다.

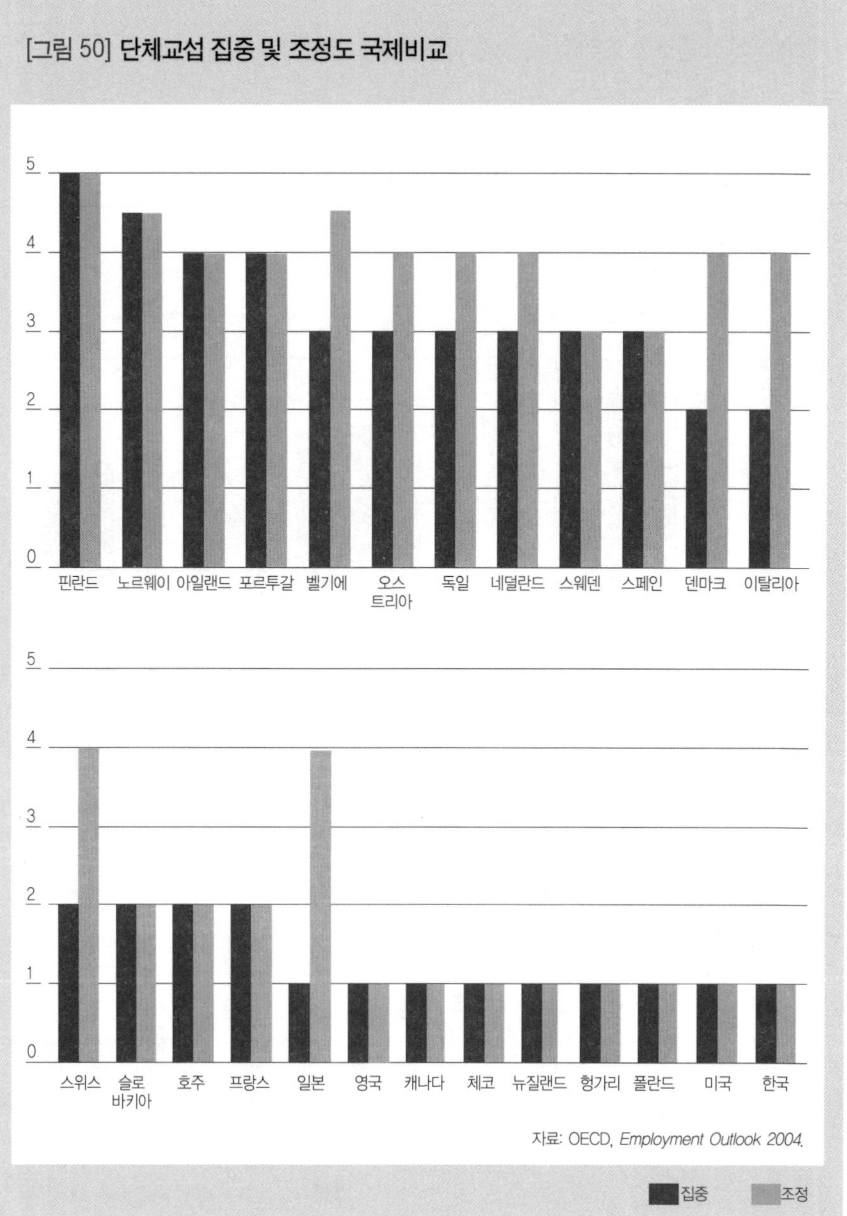

[그림 50] 단체교섭 집중 및 조정도 국제비교

정하는 등 노동조합법 개정 또한 요구된다. 현행 노동조합법 제36조 개정안을 제시하면 〈표 19〉와 같다.[9] 그리고 현행 기업별 노조 체제에서 노동조합법이 개정되기 이전이라도, 현행 노동조합법 제35조(사업장 단위 일반적 구속력)와 제36조(지역적 구속력)를 적극 활용하여 단체협약 적용률을 제고할 필요가 있다.

〈표 19〉 지역적 구속력 관련 개정안

현 행	개정안
노동조합법 제36조 [지역적 구속력] ① 하나의 지역에 있어서 종업하는 동종의 근로자 3분의 2 이상이 하나의 단체협약의 적용을 받게 된 때에는 행정관청은 당해 단체협약의 당사자의 쌍방 또는 일방의 신청에 의하거나 그 직권으로 노동위원회의 의결을 얻어 당해 지역에서 종업하는 다른 동종의 근로자와 그 사용자에 대하여도 당해 단체협약을 적용한다는 결정을 할 수 있다.	------------------------------------- 과반수 이상이 하나의 단체협약의 적용을 받는 경우 또는 실질적으로 같은 내용의 규정을 포함하는 둘 이상의 단체협약 중 어느 하나의 적용을 받는 경우 ------------

(해설) ① 노동조합법 제35조(일반적 구속력)의 경우 사업장 내에서 과반수 이상이 하나의 단체협약을 적용 받게 되면 나머지 근로자도 동일한 단체협약을 적용 받게 된다.
② 기업별 노동조합과 기업별 교섭 체계하에서 '하나의 단체협약의 적용' 규정은 사실상 노동조합법 제36조를 사문화시키고 있다. 우리와 마찬가지로 기업별 체계인 일본의 최저임금법 제11조를 준용하여 '하나의 단체협약의 적용을 받는 경우 또는 실질적으로 같은 내용의 규정을 포함하는 둘 이상의 단체협약 중 어느 하나의 적용을 받는 경우'로 개정해야 한다.

9   지난 40년 동안 한국의 노동조합 조직률이 10%대를 넘어선 적이 없고, 앞으로도 상당 기간 10%대를 넘어서지 못할 것으로 전망된다. 따라서 우리보다 노조 조직률이 낮으면서도 단체협약 적용률은 90%에 이르는 프랑스의 노동법, 노동행정, 노사관계 관행 등을 검토하면 많은 시사점을 얻을 수 있을 것으로 보인다. 그러나 이 점은 추후 연구 과제로 남긴다.

보론1 **노사정의 임금수준 정책 검토**

노사정의 임금수준 정책 검토

1 | 임금인상 요구율과 제시율 및 '경제성장률+물가상승률'

매년 임금교섭 시기가 되면 민주노총과 한국노총, 한국경총 등 노사단체는 당해 년도 임금인상 요구율(액)과 제시율을 발표한다. 민주노총과 한국노총은 자체적으로 산정한 이론생계비 외에 경제전망치(경제성장률과 물가상승률), 조합원 설문조사 결과, 제반 정세(노자간의 역관계) 등을 종합하여 임금인상 요구율을 산정·발표한다.

[그림 1]에서 민주노총 임금인상 요구율은 1999년을 제외하면 모두 '경제성장률+물가상승률'을 상회한다. 한국노총 임금인상 요구율은 1991년과 1993~95년, 1999년은 '경제성장률+물가상승률'에 못 미치지만, 전체적으로는 '경제성장률+물가상승률'에 근접한다. 그리고 최근에는 양 노총 임금인상 요구율이 거의 일치한다. 1990년 이후 임금인상 요구율과 '경제성장률+물가상승률' 사이의 상관계수를 계산하면, 민주노총은 0.743**, 한국노총은 0.644*로 높은 상관관계를 보이고 있다.

경총은 '국민경제노동생산성을 근거로 임금인상 제시율을 산정·발표한다'. 그러나 [그림 2]에서 최근 들어 그 차이가 줄어들고 있지만 경총의 임금인상 제시율은 1995년과 2000년을 제외하면 국민경제노동생산성 증가율에 크게 못 미

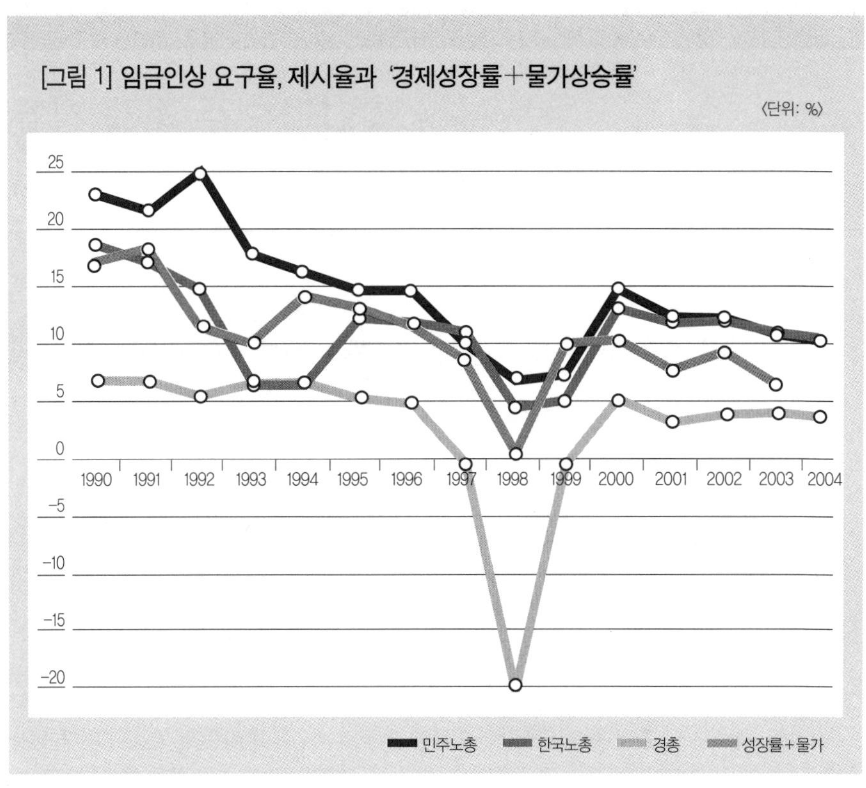

친다. 상관계수를 보더라도 0.318로 통계적으로 유의미하지 않다. 산정근거를 살펴보면 1990년과 2000년 두 해만 국민경제노동생산성(실질GDP성장률＋GDP디플레이터－취업자증가율)을 근거로 제시율을 산정했을 뿐, 1992년에는 '경쟁력 상실분 조정치'를 빼고, 1995~96년에는 '자본기여도'를 뺐으며, 1997~99년에는 사회적 분위기에 편승하여 '동결, 삭감'을 제시하는 등, 미리 정해 놓은 임금억제선에 뚜드려 맞추기 위해 매년 산정방식을 변경해 왔다.

그러나 경총의 임금인상 제시율도 '경제성장률＋물가상승률'과의 상관계

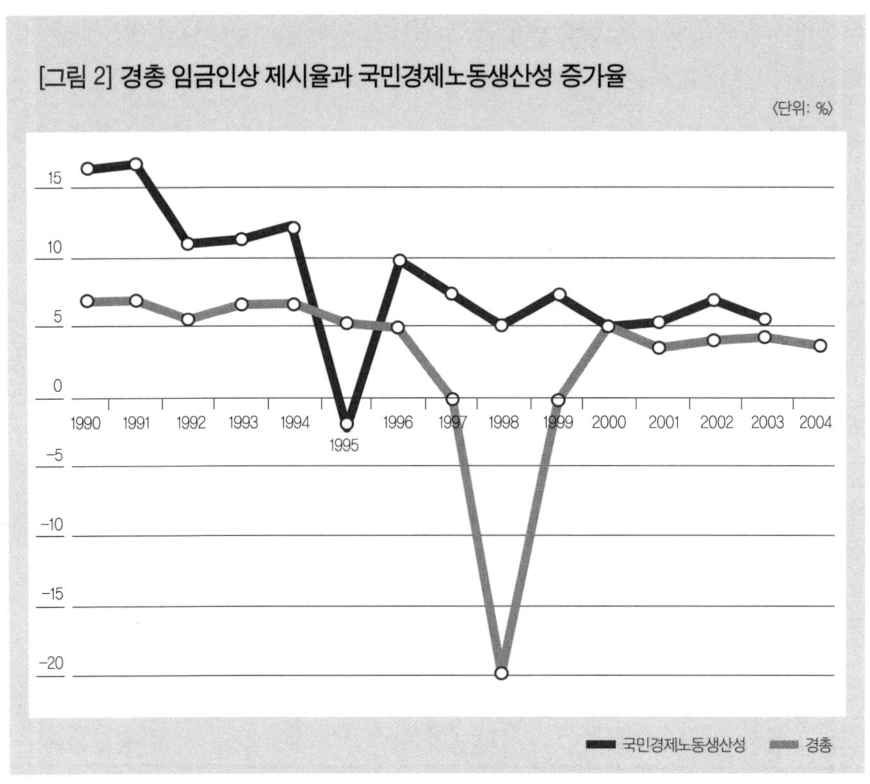

[그림 2] 경총 임금인상 제시율과 국민경제노동생산성 증가율

수를 계산하면, 0.769**로 매우 높은 상관관계를 보이고 있다. 그렇지만 [그림 1]에서 알 수 있듯이 경총의 임금인상 제시율은 '경제성장률＋물가상승률' 에 크게 못 미친다. 따라서 경총의 임금인상 제시율은 '경제성장률＋물가상승률' 에 크게 못 미치지만, 경총 또한 '경제성장률＋물가상승률' 의 오르내림을 감안하여 임금인상률을 제시하고 있음을 알 수 있다.

정부는 1996년까지 매년 임금가이드라인을 발표해 왔다. 1990~92년에는 직접 임금억제선을 결정·발표했고, 1993~94년에는 노총－경총 합의선을 임금가이

드라인으로 제시했으며, 1995~96년에는 임금연구회를 내세워 임금가이드라인을
제시했다. 그러나 이러한 임금가이드라인이 노정간의 쟁점만 형성했을 뿐 실효
성을 거두지 못함에 따라, 1997년 이후는 임금가이드라인을 제시하지 않고 있다.
물론 1997~99년에 경총이 '동결, 삭감'을 제시한 데서 알 수 있듯이 전반적으로
임금인상률이 둔화 내지 억제되는 사회적 분위기 속에서 굳이 정부가 나서지 않
아도 된다는 판단도 작용했을 것이다. 그러나 앞으로도 정부는 직접 임금가이드
라인을 제시하기보다는, 공공부문 예산 편성지침 등을 빌려 간접적으로 개입하는
방식을 택할 것으로 보인다.

2 │ 임금인상 요구율과 제시율 및 실제 임금인상률

[그림 3]에서 임금인상률 추이를 살펴보면, 상여금이 삭감(또는 유예)된 1998년(−
4.5%)과 원상회복된 1999년(5.1%) 두 해를 제외하면, 총액임금과 정액급여 상승
률간의 격차는 −1.7%에서 1.9% 사이로 거의 비슷한 추세를 보이고 있다. [그림 3]
에서 1990년부터 2003년까지 한국노총 요구율은 실제 임금인상률과의 격차가 평
균 0.6%이고, 1991년, 1993~94년, 1999년, 2002년 5개년은 요구율이 실제 임금인상
률보다 낮다. 민주노총 요구율은 실제 임금인상률과의 격차가 평균 4.3%이고,
2002년 한 해를 제외하면 실제 임금인상률보다 낮은 해가 없다. 경총 제시율은 실
제 임금인상률과의 격차가 평균 7.9%이고, 단 한 해도 실제 임금인상률보다 높은
해가 없다. 따라서 한국노총 요구율은 교섭 요구율로는 너무 낮고, 경총 제시율은
실제 인상률과의 격차가 너무 크다는 비판을 면키 어렵다. 이 밖에 실제 임금인상

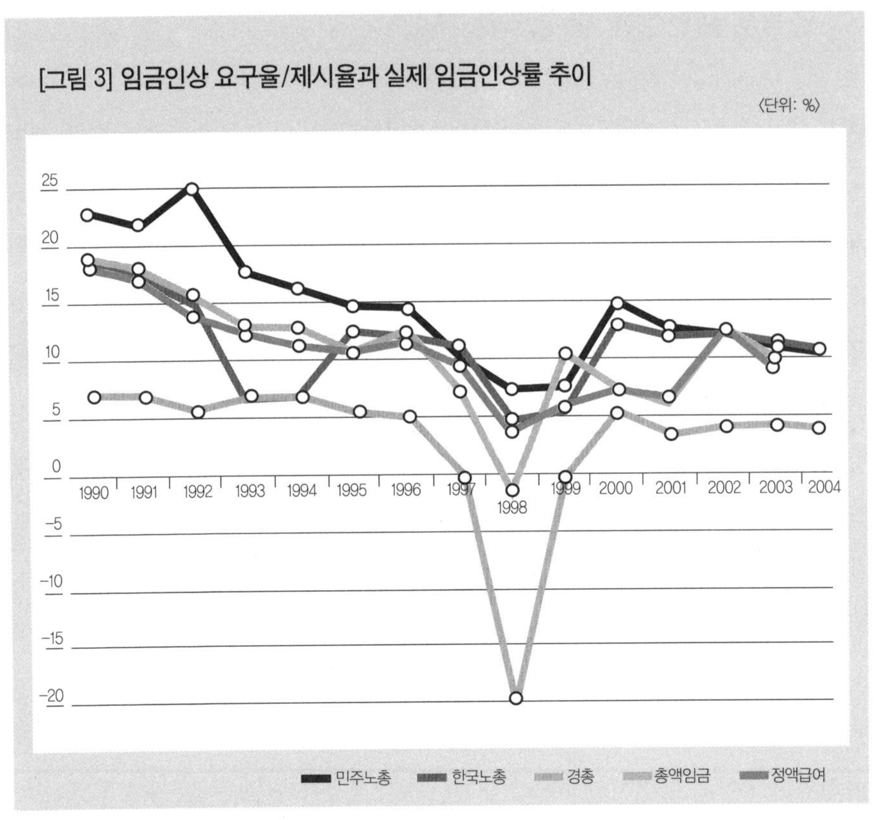

[그림 3] 임금인상 요구율/제시율과 실제 임금인상률 추이

률(정액급여 기준)과의 상관관계를 살펴보면, 한국노총 요구율은 0.736, 민주노총 요구율은 0.856, 경총 제시율은 0.649로, 민주노총 〉 한국노총 〉 경총 순으로 높은 상관관계를 보이고 있다.

3 | 명목임금인상률 결정요인

지금까지는 한국노총, 민주노총, 한국경총이 임금인상 요구율과 제시율을 산정할 때 일차적인 근거로 생계비론과 국민경제노동생산성을 제시하지만, 실제 요구율과 제시율은 '경제성장률＋물가상승률' 과 높은 상관관계를 갖고 있음을 확인했다. 이것은 임금인상 요구율과 제시율을 산정·발표할 때 당해년도 경제상황을 고려하지 않을 수 없는 데서 비롯된다. 한국노총, 민주노총, 경총의 임금인상 요구율과 제시율은 실제 임금인상률과 높은 상관관계를 갖고, 실제 임금인상률은 '경제성장률＋물가상승률' 과 높은 상관관계를 갖고 있다. 여기서는 회귀분석을 통해 경제성장과 물가상승률이 실제 임금인상률에 미치는 영향을 살펴보도록 한다(〈표 1〉 참조).

1970년 3사분기부터 2004년 2사분기까지 임금인상률 결정요인을 회귀분석하면, 실질GDP증가율과 소비자물가상승률이 유의미한 (＋) 영향을 미치고 있다. 1970년대에는 소비자물가상승률은 유의미한 영향을 미치지 않고 경제성장률만 유의미한 영향을 미쳤지만, 1980년대에는 경제성장률과 물가상승률 모두 유의미한 (＋) 영향을 미치고 있고, 1990년대에는 경제성장률과 물가상승률이 미치는 영향이 더욱 커지고 있다. 그러나 상수 값이 작아지고, 자기상관이 (－)이면서 절대값이 커짐에 따라, 명목임금 상승률은 점차 낮아지고 있다.

재계와 학계 일부에서는 '국민경제노동생산성(취업자 1인당 경상 GDP) 증가율에 따라 임금인상이 이루어져야 한다' 고 주장한다. 즉 '경상 GDP 증가율－취업자 증가율' 이나 '실질 GDP 증가율＋GDP 디플레이터－취업자 증가율' 을 기준으로 임금인상이 이루어져야 국민경제적 정합성을 갖는다는 것이다. 여기서는 이러한 주장의 전제가 타당한지에 대한 논의는 생략하고, 과연 노동시장 현실과

<표 1> 명목임금 상승률 결정요인 1 (전분기 대비)

	1970:3–2004:2	1970:3–1979:4	1980:1–1989:4	1990:1–2004:2
	GLS	OLS	GLS	GLS
	N=136	N=38	N=40	N=58
상수	0.019*** (0.004)	0.050*** (0.010)	0.014** (0.004)	0.003 (0.005)
실질GDP증가율	0.196*** (0.030)	0.093*** (0.023)	0.369*** (0.032)	0.737*** (0.053)
소비자물가상승률	0.678*** (0.124)	0.229 (0.199)	0.655*** (0.094)	0.902** (0.304)
AR(1)	−0.297*** (0.078)		−0.727*** (0.075)	−0.931*** (0.032)
조정된 R^2	0.300	0.359	0.611	0.684
LM test (p값)	0.869 (0.351)	0.008 (0.930)	0.002 (0.962)	2.411 (0.120)

주 : *는 5%, **는 1%, ***는 0.1% 수준에서 Newey–West Test 결과 통계적으로 유의성이 있음.
  ( )는 t 검정 통계량임.

정합성을 갖는지 회귀분석을 통하여 살펴보도록 한다.

    <표 2>에서 1970년 3사분기부터 2004년 2사분기까지 명목임금 상승률을 국민경제생산성 산식에 따라 회귀분석하면, GDP 디플레이터는 통계적으로 유의미하지 않고, 실질GDP증가율과 취업자증가율은 유의미한 정(＋)의 상관관계를 보이고 있다. 그러나 여기서 유의할 점은 취업자증가율은 계수 값의 부호가 국민경제노동생산성 산식에서의 (−)가 아닌 (＋)라는 점이다. 시기를 구분하여 살펴보면 취업자증가율은 모두 통계적으로 유의미하지 않을 뿐만 아니라 계수 값의 부호가 모두 (＋)이다. 여기서 취업자증가율의 계수 값이 (＋)임은, 단기간에 노동공급이 급증하지 않음을 감안할 때 그만큼 노동수요가 증가하여 임금인상 요인으

<표 2> 명목임금 상승률 결정요인 2 (국민경제노동생산성 산식, 전분기 대비)

| | 1970:3–2004:2 | 1970:3–1979:4 | 1980:1–1989:4 | 1990:1–2004:2 |
| | OLS | OLS | GLS | GLS |
	N=136	N=38	N=40	N=58
상수	0.033***	0.065***	0.034***	0.012***
	(0.005)	(0.008)	(0.006)	(0.002)
실질GDP증가율	0.137***	0.149***	0.209***	0.635***
	(0.019)	(0.036)	(0.022)	(0.049)
GDP 디플레이터 증가율	0.024	−0.189	−0.287	0.293***
	(0.093)	(0.094)	(0.223)	(0.071)
취업자증가율	0.071**	0.076	0.058	0.081
	(0.022)	(0.043)	(0.042)	(0.140)
AR(1)				−0.913***
				(0.038)
조정된 R^2	0.245	0.378	0.450	0.649
LM test	0.597	0.986	1.707	1.773
(p값)	(0.440)	(0.321)	(0.191)	(0.183)

주 : *는 5%, **는 1%, ***는 0.1% 수준에서 Newey–West Test 결과 통계적으로 유의성이 있음.
( )는 t 검정 통계량임.

로 작용함을 의미한다. 따라서 국민경제노동생산성 산식이 주장하는 '취업자증가율만큼 임금인상률을 감액하자' 는 것은, 노동시장의 수요공급 법칙과도 배치된다. 예컨대 1998년처럼 실업자가 대량으로 증가하고 취업자가 감소하면 그만큼 임금인상률이 낮아지기 십상인데, 국민경제노동생산성 산식에 따르면 취업자 감소율만큼 임금인상률이 높아져야 한다는 아이러니가 발생하는 것이다.

물론 노사정의 임금정책이 반드시 노동시장 흐름과 일치해야 하는 것은 아니다. 왜곡된 시장의 폐해를 막기 위해 제도가 있고 정책이 있기 때문이다. 그러나 재계와 학계 일부에서 '국민경제노동생산성 산식에 따라 임금인상이 이루어져야 한다'고 주장하는 것은, 과거 '실질임금 유지'와 '성장 과실 배분'을 명분으로 주장했던 생산성임금제 산식에 따라도 임금인상률이 높게 나오자, '임금수준 억제'라는 비합리적 정책목표를 뒷받침하기 위해 출발한 고육지책이라 아니할 수 없다. 더욱이 철저히 분권화된 기업별 교섭체제에서 임금인상률은 경제상황이나 노동시장 상황의 영향을 강하게 받을 수밖에 없는 터에, 교섭구조에 대한 전면적인 재검토 없이 국민경제노동생산성을 주장하는 것은 정책수단마저 결여한 주장이라는 점에서 허구적 이데올로기라는 비판을 면키 어렵다.

정규직 노동시장, 과연 경직적인가?

지난 10여 년 동안 '노동시장 유연화'가 지배적 담론으로 이야기되고, '노동시장이 매우 경직적이다'는 전제 아래 정부가 노동정책 제1의 과제로 '노동시장 유연화'를 추진해 왔음에도, 정작 이를 뒷받침할 만한 실증분석 결과는 제시된 적이 없다. OECD(1999)의 '고용보호법제 경직성 지표'에서 '26개국 중 한국 17위'가 사실상 유일한 근거라 할 수 있다.

　　그러나 OECD의 '고용보호법제 경직성 지표'는 관련 법제를 척도화하여 비교한 것으로, 경제학적 의미에서 노동시장 유연성을 추정한 것으로 볼 수 없다. 남녀고용평등법이 동일가치노동 동일임금을 규정하고 있지만 거의 지켜지지 않는 데서 알 수 있듯이 법률과 현실 사이에는 괴리가 있기 마련이며, 한국에서는 근로기준법이 사실상 최고(또는 표준) 기준으로 작용하지만 유럽에서는 단체협약으로 노동시장을 규율하기 때문에 법제를 단순 비교하는 것은 부적절하다. 더욱이 OECD(1999)의 '고용보호법제 경직성 지표'는 한국의 퇴직금을 해고수당으로 계산하는 등 척도에 문제가 있다. OECD(2004)가 '28개국 중 한국 12위'로 한국의 노동시장이 상대적으로 유연하다고 수정 발표한 것은, 이러한 추정 방식의 문제점을 일부 수정한 데서 비롯된 것이다.

　　2003년 2월 미국의 『포브스(*Forbes*)』지는 '한국의 노동시장 유연성은 OECD 20개 국가 가운데 미국, 캐나다에 이어 3위'라고 보도했다. 이러한 보도는 '한국

지난 10여 년 동안 '노동시장 유연화'가 지배적 담론으로 이야기되고, '노동시장이 매우 경직적이다'는 전제 아래 정부가 노동정책 제1의 과제로 '노동시장 유연화'를 추진해 왔음에도, 정작 이를 뒷받침할 만한 실증분석 결과는 제시된 적이 없다.

의 노동시장이 경직적이다'는 지배적 담론을 뒤엎는 분석 결과이지만, 이것 또한 '1년 이상 장기실업자 비중, 단체협약 적용률, 해고의 용이성, 법정 휴가일수' 4가지 지표를 척도화하여 비교한 것으로, 경제학적 의미에서 노동시장 유연성을 추정한 것으로 볼 수 없다. 경제학적 의미에서 노동시장 유연성은 '경제가 변동할 때 노동시장이 얼마나 유연하게(탄력적으로, 빠른 속도로) 조응하는가'를 의미하기 때문이다.

〈표 1〉은 오차수정모형(Vector Error Correction Model)을 사용하여, 노동시장, 고용, 임금 각각의 장기 탄력성, (1개월 이내) 단기 탄력성, 조정속도를 추정한 결과이다. 첫째, 한국의 노동시장 유연성은 OECD 국가 중 1위를 자랑하는 미국보다 크게 높다. 노동시장 유연성, 고용 유연성, 임금 유연성 각각을 장기 탄력성과

〈표 1〉 노동시장과 고용·임금 유연성 추정 결과

		1993:03~1998:02		1998:03~2002:10	
		한국	미국	한국	미국
(모형 1) 노동시장 유연성	장기탄력성	1.857**	1.126**	0.556**	0.301*
	단기탄력성	−1.672**	−0.587**	−0.816**	−0.169*
	조정속도	−1.222**	−0.922**	−1.747**	−0.924**
(모형 2) 고용 유연성	장기탄력성	0.496**	0.066	−1.199**	0.801**
	단기탄력성	0.034	0.468**	0.084*	0.258**
	조정속도	0.111	0.299	−0.044**	0.038
(모형 3) 임금 유연성	장기탄력성	1.805**	1.099**	0.390**	0.010
	단기탄력성	−1.173*	−1.203	−0.415	0.312**
	조정속도	−1.718**	−1.018	−2.081**	−1.276**

자료 : 김유선(2003a, 176)에서 재인용.
주 : 임금은 월임금총액(시간당임금×월노동시간) 기준임.

(1개월 이내) 단기 탄력성, 조정속도를 기준으로 비교하면, 9개 지표 가운데 8개 지표에서 한국이 미국보다 높다. 고용의 단기 탄력성만 미국이 높을 뿐이다. 둘째, 외환위기 이후 김대중 정부 때 한국의 고용 유연성은 크게 증가했다. 고용의 장단기 탄력성과 조정속도 모두 증가했고, 장기 탄력성은 절대 값이 1을 상회하는 등 매우 탄력적이며, 빠른 속도로 고용조정이 이루어졌다.

한국의 노동시장이 유연하다는 실증분석 결과가 잇따라 제시되자, 최근에는 '비정규직까지 포함하면 한국의 노동시장이 유연한 것은 사실이지만, 정규직 노동시장은 매우 경직적이다'는 변형된 유연화론이 전개되고 있다. 그러나 한국에서는 비정규직은 물론 정규직 노동시장도 매우 유연하다.

〈표 2〉와 [그림 1], [그림 2]는 한국과 미국의 고용, 노동시간, 임금 변동성을 추정한 결과이다. 첫째, 외환위기 이전인 김영삼 정부 때도 한국(0.013)은 미국

〈표 2〉 한국과 미국의 고용, 임금 변동성 비교

〈자연대수 표준편차, 장기추세제거, 외환위기 통제〉

	1993:03~1997:06		1998:09~2003:02	
	한국	미국	한국	미국
노동자 수	0.013	0.009	0.023	0.006
– 상용직	0.015		0.022	
– 임시일용직	0.021		0.036	
월실질임금1	0.125	0.009	0.106	0.008
– 노동시간	0.038	0.009	0.042	0.008
– 시간당실질임금	0.132	0.005	0.121	0.006

자료: 한국의 경우 노동자는 경제활동인구조사, 임금과 노동시간은 매월노동통계조사 자료를 사용. 미국의 경우 CPS와 CES 자료를 사용.

주 : 1. 한국의 월실질임금(노동시간, 시간당 실질임금)은 정규직(10인 이상 사업체 상용직)을 대상으로 조사한 결과임.
　　 2. 각 변수는 로그값을 취한 뒤 HP(Hodrick–Prescott) Filter를 사용하여 장기추세를 제거했음.

[그림 1] 한국과 미국의 고용 변동성 비교

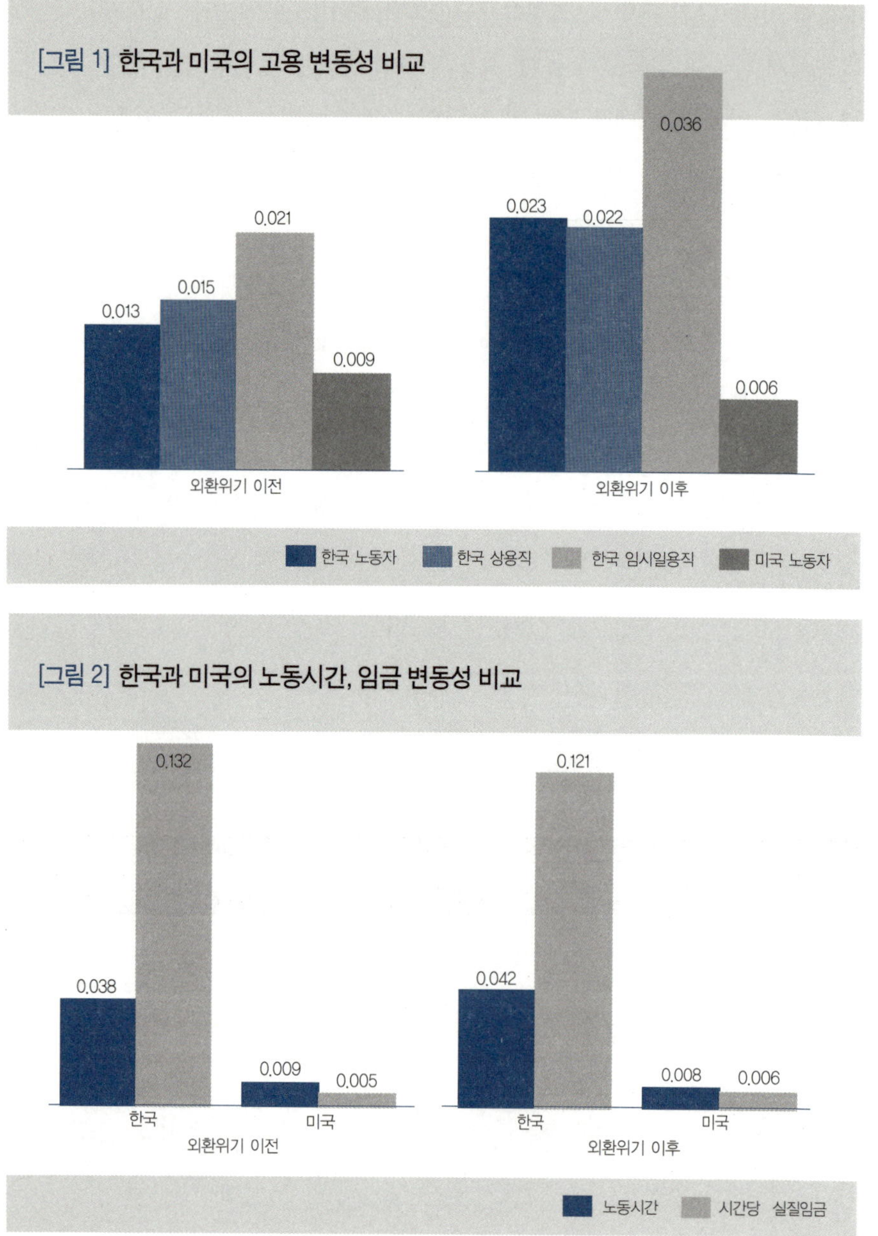

[그림 2] 한국과 미국의 노동시간, 임금 변동성 비교

(0.009)보다 고용변동성이 높았다. 외환위기 이후인 김대중 정부 때 한국(0.023)은 2배가량 증가하고 미국(0.006)은 감소하여, 한국의 고용 변동성은 미국보다 4배가량 높다. 둘째, 외환위기 이후 정규직과 비정규직 모두 고용 변동성이 증가했고, 정규직(0.022)과 비정규직(0.036) 모두 미국 노동자(정규직과 비정규직 포함, 0.006)보다 고용 변동성이 높다. 셋째, 노동시간과 실질임금 변동성 모두 한국이 미국보다 높다. 10인 이상 사업체 상용직을 대상으로 작성한 매월노동통계조사를 자료로 사용했으므로, 한국의 정규직은 미국의 노동자보다 임금과 노동시간 변동성 모두 높다. 한국의 정규직은 비정규직보다는 상대적으로 안정적이지만, 세계 제1의 노동시장 유연성을 자랑하는 미국의 노동자들보다 극심한 고용불안과 생활불안에 시달리고 있는 것이다.

변동성이 높고 그만큼 노동자들의 고용과 생활이 불안정하다고 해서 그것이

〈표 3〉 경제변동과 고용, 임금변동 간 시차 상관계수

〈장기추세 제거, 외환위기 통제〉

		김영삼 정부(1993:03~1997:06)				김대중 정부(1998:09~2003:02)			
		당월	+1월	+2월	+3월	당월	+1월	+2월	+3월
한국	노동자 수	0.431	0.314	0.110	0.038	0.645	0.539	0.333	0.164
	상용직	0.293	0.276	0.319	0.244	0.160	0.173	0.172	0.221
	임시일용직	0.334	0.194	−0.133	−0.163	0.684	0.531	0.278	0.050
	월실질임금	−0.024	0.032	0.272	0.318	−0.021	0.278	0.289	0.289
	노동시간	0.783	0.219	−0.204	−0.234	0.729	0.124	−0.082	−0.150
	시간당실질임금	−0.247	−0.033	0.318	0.367	−0.272	0.202	0.281	0.303
미국	노동자 수	0.177	0.247	0.224	−0.081	0.469	0.603	0.551	0.344
	월실질임금	0.354	0.233	0.171	0.154	0.029	0.147	0.184	0.150
	노동시간	0.317	0.044	0.113	−0.089	0.324	0.298	0.286	0.040
	시간당실질임금	0.058	0.311	0.094	0.389	−0.364	−0.177	−0.114	0.146

자료와 주: 〈표 2〉와 같음.

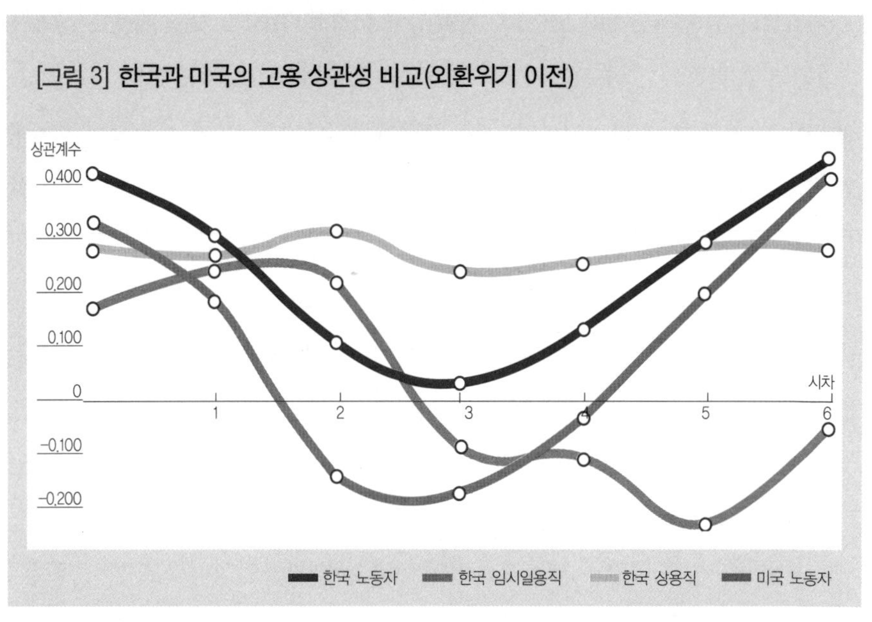

[그림 3] 한국과 미국의 고용 상관성 비교(외환위기 이전)

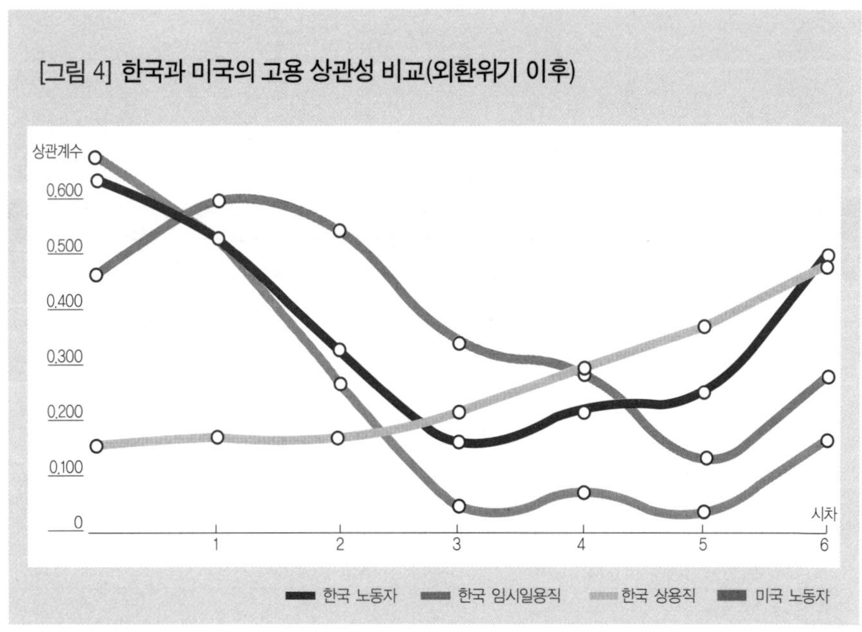

[그림 4] 한국과 미국의 고용 상관성 비교(외환위기 이후)

곧바로 경제환경변화에 유연하게 조응하는 것은 아니라는 지적이 있을 수 있다. 〈표 3〉과 [그림 3], [그림 4]는 경제환경변화에 따른 한국과 미국의 고용, 노동시간, 임금 상관성을 추정한 결과이다. 첫째, 외환위기 이전인 김영삼 정부 때 고용 상관성은 한국(0.431)이 미국(0.177)보다 높고, 외환위기 이후인 김대중 정부 때도 한국(0.645)이 미국(0.469)보다 높다. 둘째, 한국의 비정규직은 외환위기 이전(0.334)보다 외환위기 이후(0.684) 고용 상관성이 높아졌고, 정규직은 외환위기 이전(0.293)보다 외환위기 이후(0.160) 고용 상관성이 낮아졌다. 그러나 2개월 뒤부터 빠른 속도로 증가해 6개월 뒤에는 0.490에 이르고 있다. 이것은 외환위기 당시 정규직에 대한 고용조정이 큰 폭으로 이루어졌고, 정리해고가 법제화되면서 '60일 전 사전 통보 의무'가 신설된 데 기인하는 것으로 해석된다. 셋째, 외환위기 이전에는 월임금총액의 상관계수가 2개월 뒤 0.272였지만, 외환위기 이후에는 1개월 뒤 0.278로 시차가 단축되고 미국(0.147)보다 높다. 월 임금총액을 노동시간과 시간당 임금으로 분해하면, 노동시간은 상관계수가 0.729로 미국(0.324)보다 높고, 시간당 임금은 1개월 뒤 상관계수가 0.202로 미국(3개월 뒤 0.146)보다 높다. 경제 환경이 변화할 때 한국의 정규직 노동시장은 미국보다 훨씬 유연하게 조응하고 있는 것이다.

이상을 종합하면 다음과 같다. 첫째, 한국의 정규직은 비정규직보다는 안정적이지만, 세계 제1의 노동시장 유연성을 자랑하는 미국 노동자(정규직과 비정규직 포함)보다 고용 변동성, 노동시간 변동성, 임금 변동성 모두 높다. 정규직과 비정규직 모두 극심한 고용불안과 생활불안에 시달리고 있는 것이다. 둘째, 한국의 정규직은 미국 노동자들보다 노동시간 상관성, 임금 상관성이 높다. 고용조정이 본격화될 때까지 2개월가량 시차가 존재할 뿐이다.

첫째, 한국의 정규직은 비정규직보다는 안정적이지만, 세계 제1의 노동시장 유연성을 자랑하는 미국 노동자(정규직과 비정규직 포함)보다 고용 변동성, 노동시간 변동성, 임금 변동성 모두 높다. 정규직과 비정규직 모두 극심한 고용불안과 생활불안에 시달리고 있는 것이다.

둘째, 한국의 정규직은 미국 노동자들보다 노동시간 상관성, 임금 상관성이 높다. 고용조정이 본격화될 때까지 2개월가량 시차가 존재할 뿐이다.

이상의 분석 결과는 노동부 홈페이지에 게재된 "노동시장 유연성의 국제비교 (2001)"에서도 뒷받침된다. 주요 내용을 살펴보면 다음과 같다. 첫째, 30대 재벌기업, 공기업, 금융업 등 구조조정 대상 기업의 종업원 수는 1997년 10월 156만 1천 명에서 2001년 4월 124만 8천 명으로 감소했다. 3년 반 동안 인력이 20% 감축된 것이다. 인력의 절대 수는 감소했지만, 채용과 이직의 절대 수는 1998년 10월 이후 오히려 증가했다. 이는 외환위기 이후 구조조정 대상기업들의 고용유연성이 크게 증대된 것을 의미한다.

둘째, 노동조합 조직 사업체에서는 1997년 10월 85만 9천 명에서 2001년 4월 65만 5천 명으로 20만 4천 명(감축률 23.7%) 감축된 반면, 노동조합 비조직 사업체에서는 10만 8천 명(감축률 15.4%)이 감축되었다. 이는 노동조합이 구조조정을 위한 인력감축 및 노동시장 유연화의 장애요인으로 작용하지 않고 있음을 의미한다. 우리나라 주요 기업들은 외환위기를 계기로 배치전환 등을 통해 기업의 인력구조를 유연하게 조정한 것으로 판단된다.

셋째, 1997년 10월 이후 2001년 4월 사이에 발생한 사용자 주도 이직(정리해고, 권고사직, 계약종료) 건수는 주요 기업에서만 171만 건에 달한다. 외환위기 이후 3년 반 동안 종업원 총수의 28%가 사업주의 적극적인 고용조정 행위에 의해 비자발적으로 이직했으며, 이 중에서 권고사직(명예퇴직 등)이 15.4%, 계약종료가 8.4%, 정리해고가 4.3%를 차지하고 있다. 경영상의 이유에 의한 해고를 실시한 기업에서는 지난 3년 반 동안 전체 인력의 약 1/3 이상을 구조조정 했다. 연평균 해고율은 외환위기 이전에는 1% 미만이었으나, 외환위기 이후 약 7~9% 수준으로 증가하였다. 노동조합이 있는 경우에도, 사업주 주도의 해고는 관철되고 있는 것으로 생각된다.

넷째, 외국과 비교해 볼 때, 우리나라는 장기근속형 인력구조를 가지고 있지 않다. 미국, 일본과 비교할 때, 연령－근속 곡선이 가장 덜 가파르고, 장기근속자 비중도 미국보다 낮다. 임금은 경기 상황에 매우 민감하게 반응하고 있다. 대기업의 연공적 임금은 외환위기를 전후하여 관리사무직을 중심으로 크게 약화되고 있다. 경기변동과 기업의 성과에 따라 임금이 탄력적으로 움직이면서, 단위노동비용 증가율은 외환위기 이후 계속 마이너스를 나타내고 있다. 실질임금 증가율도 실질 부가가치생산성증가율보다 줄곧 낮은 수준을 기록하고 있다. 1995~2000년 단위 노동비용 증가율은 여타 국가들에 비해 크게 낮다.

비정규직 증가, 경제환경변화에 따른 불가피한 현상인가?

1960년대 경제개발 초기 단계에는 노동자 10명 중 6명이 비정규직이었다. 1960~70년대에는 비정규직 비중이 계속 감소해 1980년대 초반에는 노동자 4명 중 1명꼴로 비정규직이었다. 그러나 1982년 2사분기를 저점으로 가파른 증가세

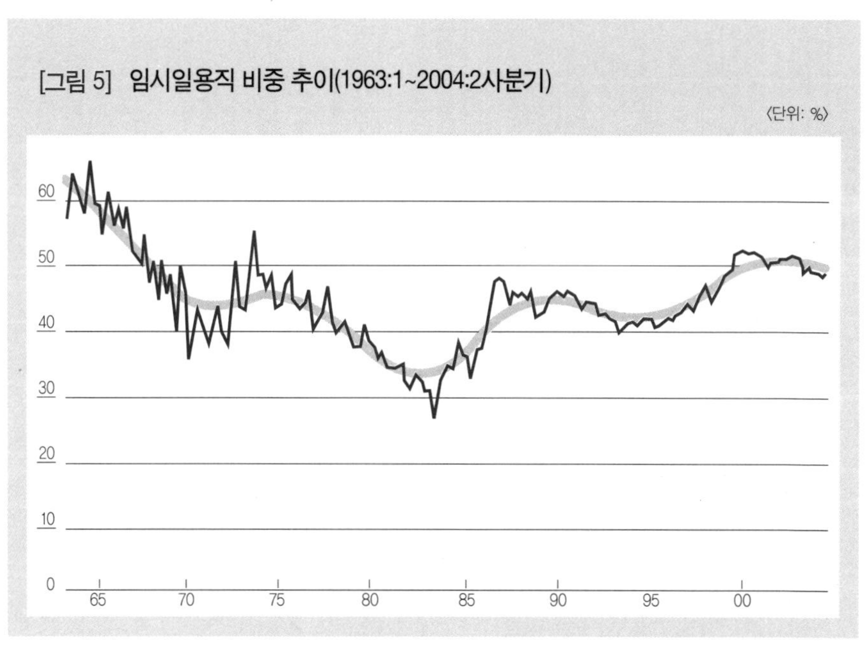

로 돌아서 1986년에는 50%선에 육박했고, 1987년 노동자 대투쟁 이후 감소하다가 김영삼 정부 때 노동시장 유연화 정책이 추진되면서 다시 증가세로 돌아서, 외환위기를 거친 뒤인 1999년 3월 이후 전체 노동자의 절반을 넘어서고 있다.

이처럼 임시일용직 등 비정규직이 1980년대 초중반과 1990년대 중반 이후 두 차례에 걸쳐 빠른 속도로 증가했음에도 그동안 비정규직 문제는 사회적 관심사가 되지 않았다. 통계청 경제활동인구조사에서 임시일용직 비중이 전체 노동자의 절반을 넘어선 1999년 3월에야 비로소 사회적으로 주목받기 시작했고, 2002년 12월 대통령 선거 때는 '비정규직 남용 규제와 차별 금지'가 노동부문 최대 공약으로 제기되기에 이르렀다.

비정규직 문제가 사회적 관심사로 급부상하자, 일차적으로 비정규직 규모와 실태를 분석하는 데 초점을 맞춘 연구가 진행되었다. 비정규직 규모와 관련해서는 아직까지 논란이 말끔하게 정리되고 있지 않지만, 비정규직 실태와 관련해서는 '비정규직 임금은 정규직의 절반, 비정규직 10명 중 7명이 저임금 계층, 사회보험 가입률 20%대, 퇴직금 · 상여금 · 시간외수당 적용률 10%대' 등 대다수 연구가 동일한 분석 결과를 제시하고 있다(김유선 2003d). 이에 따라 '비정규직에 대한 차별을 금지하고 적정 수준의 노동조건을 보장해야 한다'는 데 대해서는 사회적 공감대가 형성되는 등 일정한 성과를 거두기도 하였다.

그러나 '외환위기 직후 비정규직이 급증'한 사실만 주로 인지된 나머지, '비정규직 증가는 경제환경변화에 따른 불가피한 현상이다. 시장에서 발생한 문제이니 시장에 맡겨야 한다. 정부가 개입하면 예기치 않은 부작용을 초래할 수 있다' 등의 경제 결정론과 시장만능론이 영향력을 발휘하고 있고, 그만큼 문제 해결을 더디게 하고 있다.

따라서 비정규직 증가 원인을 규명할 필요가 생기는데, 지금까지 간헐적으로 제기되어 온 가설들을 노동시장(노동공급, 노동수요)과 행위주체(기업전략, 노사관계) 요인으로 구분하여 유형화하면 다음과 같다. 첫째, 노동공급 측면에 주목하는 '노동력의 인적구성 변화' 가설이다. 기혼여성의 경제활동참가율이 증가하고, 청소년과 고령자의 노동시장 진입이 증가하면서, 파트타임 등 비정규직을 선호하는 방향으로 노동력 구성이 변화했다는 것이다.

둘째, 노동수요 측면에 주목하여 세계화와 그에 따른 경쟁의 격화, 수요의 불확실성 증가를 강조하는 '경제환경변화' 가설이다. 국내외 시장에서 경쟁이 격화되고 수요의 불확실성이 증가하면서 비정규직 증가가 불가피한 현상으로 자리 잡게 되었다는 것이다. 이러한 경제환경변화 가설은 수요의 변동성과 불확실성으로부터 정규직을 보호하기 위해 비정규직을 사용한다는 '정규직 보호 완충장치' 가설로 이어지고, 경제 결정론 내지 시장만능론으로 귀결되기도 한다. 이 밖에 기술구조와 제품수요의 변화로 제조업에서 서비스산업으로 고용이 이동했다는 '산업구조 변화' 가설도 노동수요 측면에 주목하고 있는 점에서는 마찬가지다.

셋째, 노동수요 측면에 주목하면서도 행위주체 요인을 강조하는 '인사관리전략 변화' 가설이다. 국내외 시장에서 경쟁이 격화되고 수요의 불확실성이 증가하면서, 핵심 노동자층은 유지하되 전통적인 내부노동시장 외곽에 더 많은 노동자를 배치함으로써, 수량적 유연성을 제고하고 노동비용을 절감하는 방향으로 기업의 인사관리전략이 변했다는 것이다. 정부의 노동시장 유연화 정책도 이러한 기업의 인사관리전략 변화 가설의 연장선에 있다.

넷째, 노사관계 그 가운데서도 노동조합의 저항력에 주목하는 '노사간 힘 관계 변화' 가설이다. 핵심 노동자층을 제한하고 비정규직을 확대하려는 기업의 전략은 기본적으로 노동조합의 목적과 배치된다. 따라서 최근 비정규직 증가는 전체 노동시장에서 노동의 힘이 약화된 데 기인한다는 것이다(Golden 1996).

<table>
<thead>
<tr><th></th><th>1983~01년
N=194</th><th>전두환
N=52</th><th>노태우
N=50</th><th>김영삼
N=52</th><th>김대중
N=40</th></tr>
</thead>
<tbody>
<tr><td>비정규직 비율 증가</td><td>0.0033</td><td>0.0096</td><td>−0.0019</td><td>0.0028</td><td>0.0023</td></tr>
<tr><td>모형의 설명력</td><td>0.534</td><td>0.619</td><td>0.884</td><td>0.875</td><td>0.847</td></tr>
<tr><td>노조 조직률</td><td>−8.03***</td><td>−16.53***</td><td>−1.03</td><td>−2.92**</td><td>−5.44***</td></tr>
</tbody>
</table>

〈표 4〉 시계열 분석 결과 요약(1983:2~2001:12, 1987~88년과 외환위기 전후 통제)

	1983~01년 N=194	전두환 N=52	노태우 N=50	김영삼 N=52	김대중 N=40
비정규직 비율 증가	0.0033	0.0096	−0.0019	0.0028	0.0023
모형의 설명력	0.534	0.619	0.884	0.875	0.847
노조 조직률	−8.03***	−16.53***	−1.03	−2.92**	−5.44***

자료: 김유선(2003b, 94)에서 재인용.

〈표 4〉는 비정규직 증감 요인을 시계열 분석한 결과이다.[1] 역대 정권별로 모형의 설명력을 살펴보면 전두환 정권은 61.9%, 노태우 정권은 88.4%, 김영삼 정권은 87.5%, 김대중 정권은 84.7%이고, 노조 조직률은 계수 값이 전두환 정권 −16.53***, 노태우 정권 −1.03, 김영삼 정권 −2.92**, 김대중 정권 −5.44***이다. 이것은 ①전두환 정권 때는 시장외적 요인 즉 행위주체 요인이 미치는 영향이 매우 컸지만, 노태우 정권 이후로는 노동시장 요인이 미치는 영향이 확대되었고, ②김영삼 정권 때부터 노동시장 유연화 정책이 추진되고, 외환위기 이후 기업의 시장형 인사관리전략이 확산되었으며, 이에 대한 노동조합의 저항이 강화되면서, 점차 행위주체 요인이 미치는 영향이 확대되고 있으며, ③노조 조직률 하락은 비정규직 증가요인, 노조 조직률 증가는 비정규직 감소요인으로 작용하고 있음을 말해준다.

〈표 5〉는 비정규직 증가원인과 관련된 6개 가설을 검증한 결과이다. 횡단면 분석에서는 검증 가능한 3개 가설 가운데 인사관리전략 변화 가설만 지지되고, 시

1　자세한 것은 김유선(2003b; 2003c; 2004a) 참조 바람.

〈표 5〉 6개 가설 검증 결과

		횡단면분석	시계열 분석 (1983:2~2001:12)				
		(사업체조사)	83~01년	전두환	노태우	김영삼	김대중
노동 시장	인적구성 변화		×	×	×	×	×
	경제환경 변화	×	×	×	×	×	×
	정규직 보호	×	×	×	×	×	×
	산업구조 변화		×	×	○	○	×
행위 주체	인사관리전략 변화	○					○
	노사간힘관계 변화		○	○	×	○	○

자료: 김유선(2003b, 99)에서 재인용.

비정규직 증가는 '경제환경변화에 따른 불가피한 현상'이 아니라, 정부의 노동시장 유연화 정책, 기업의 인사관리전략 변화, 노조의 조직률 하락 등 행위주체 요인에 기인하며, '노조 책임론' 내지 '정규직 과보호론'은 사실이 아니다.

계열 분석에서는 검증 가능한 5개 가설 가운데 노사간 힘 관계 변화 가설만 지지되며, 김대중 정권 때 자기상관(고용관행)이 유의미해 인사관리전략 변화 가설 역시 지지된다. 이것은 비정규직 증가가 '경제환경변화에 따른 불가피한 현상'이 아니라, 정부의 노동시장 유연화 정책, 기업의 인사관리전략 변화, 노조의 조직률 하락 등 행위주체 요인에 기인하며, '노조 책임론' 내지 '정규직 과보호론'은 사실이 아님을 말해준다.

한국에서 비정규직 증가가 '경제환경변화에 따른 불가피한 현상'이 아니라는 증거는 [그림6]에서도 확인할 수 있다. 한국의 비정규직은 전체 노동자의 절반을 넘어서고 차별이 극심하다는 점 외에도, 비정규직 대부분이 임시근로자이거나 임시근로를 겸하고 있다는 점에서, 파트타임이 대부분인 미국, 일본 등 OECD 국가와 다른 특징을 보이고 있다. 한국과 마찬가지로 상용직과 임시직, 일용직을 구분하여 조사하는 일본에서 임시일용직 비율을 살펴보면 증가세가 매우 완만할 뿐만 아니라 10%대에 불과하다.

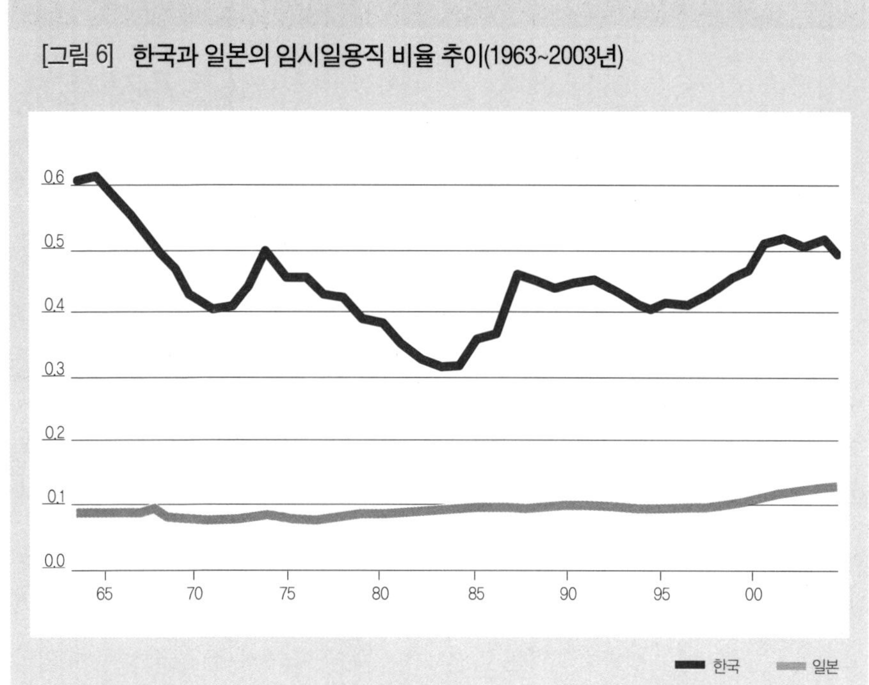

[그림 6] 한국과 일본의 임시일용직 비율 추이(1963~2003년)

한국과 마찬가지로 상용직과 임시직, 일용직을 구분하여 조사하는 일본에서 임시일용직 비율을 살펴보면 증가세가 매우 완만할 뿐만 아니라 10%대에 불과하다.

비정규직 증가,
노동시장 경직성(정규직 고임금) 때문인가?

'정규직 노동시장이 경직적이다'는 신화는, '정규직 고임금과 과보호 등 노동시장 경직성 때문에 비정규직이 증가한다'는 신화로 이어진다. '정규직 과보호론'이 사실이 아님은 이미 살펴봤으므로, 여기서는 '정규직 고임금론'을 중심으로 살펴보도록 한다. 사겟(Saget 2001)은 남미, 아시아, 아프리카 20개 저개발 국가를 대상으로 실증 분석한 결과, "최저임금이 높다고 해서 비공식 부문이 증가하거나 고용이 감소했다는 부정적 효과는 발견되지 않는다. 노동시장 경직성 특히 임금 경직성이 남미 국가에서 비공식 부문 증가를 가져오지 않았다"고 결론짓고 있다.

〈표 6〉에서 (모형 1)은 김유선(2003b)이 비정규직 증감요인을 규명하기 위해 사용한 모형이고, (모형 2)는 노동시장 경직성이 어떠한 영향을 미치는지를 살펴보기 위해 법정 최저임금과 정규직(10인 이상 사업체 상용직) 임금을 설명변수로 추가한 모형이다. 노조 조직률과 법정 최저임금은 유의미한 (−)이고, 정규직 임금은 유의미하지 않다. 즉 노조 조직률이 증가하고 법정 최저임금이 인상되면 비정규직 비율이 감소하지만, 정규직 임금인상은 비정규직 비율에 유의미한 영향을 미치지 않는다. 따라서 "노동시장 경직성(제도) 때문에 비정규직이 증가한 것이 아니라, 기업 또는 시장의 횡포를 제어할 노동시장 경직성(제도)의 결여 때문에 비정규직이 증가했다. 정규직 임금인상은 비정규직 증가를 가져오지 않았다"

노동시장 경직성(제도) 때문에 비정규직이 증가한 것이 아니라, 기업 또는 시장의 횡포를 제어할 노동시장 경직성(제도)의 결여 때문에 비정규직이 증가했다.

〈표 6〉 시계열 분석 결과

D(PIRREGt) : 비정규직 비율 변화		(모형 1)	(모형 2)	(모형 3)
		1989:1~2002:11	1989:1~2002:11	1993:3~2002:11
C	상수	−0.00(0.00)	0.00(0.00)	0.00(0.00)
D(PMARFEMt)	기혼여성 비율 변화	0.85(0.36)*	0.97(0.31)**	0.58(0.26)*
D(POLDt)	고령층 비율 변화	−0.60(0.40)	−0.50(0.35)	−0.93(0.35)*
D(PYOUNGt)	저연령층 비율 변화	0.86(0.20)***	0.91(0.16)***	0.62(0.14)***
D(PEDU1t)	저학력층 비율 변화	0.68(0.20)***	0.67(0.16)***	0.86(0.16)***
D(LIPIt)	산업생산지수 변화율	0.03(0.01)**	0.02(0.01)	0.01(0.01)
D(LEXCHANt)	대미달러환율 변화율	−0.00(0.01)	−0.01(0.01)	−0.01(0.01)
D(PIND32t)	3차/2차산업 변화	0.09(0.03)**	0.06(0.02)*	0.04(0.02)
D(URt)	실업률 변화	−0.01(0.00)***	−0.01(0.00)***	−0.01(0.00)***
LIPI_CCt	경기순환변동	−0.04(0.02)*	−0.04(0.02)*	−0.03(0.01)*
LIPI_SCt	계절변동	−0.01(0.02)	−0.01(0.01)	−0.02(0.02)
D(PLC2t)	비노동임금비용 변화	−0.02(0.06)	−0.00(0.04)	0.03(0.04)
D(TUDt)	노조 조직률 변화	−3.38(1.26)**	−3.50(0.87)***	−5.09(0.76)***
D(LMINIWHt)	법정 최저임금 변화율		−0.07(0.02)**	−0.03(0.02)
D(LHWRt)	시간당 정액급여 변화율		0.00(0.01)	
D(LHWR5t)	(500인 이상 사업체)			−0.00(0.01)
AR(1)		0.28(0.10)**	0.30(0.08)***	0.38(0.12)**
AR(2)		0.20(0.06)**	0.27(0.07)***	
조정된 R²		0.81	0.84	0.84
LM test : NR²(p값)		3.66(0.16)	3.62(0.16)	0.96(0.33)

주 : 1) ( )안은 표준오차. *는 5%, **는 1%, ***는 0.1% 유의수준에서 유의미.
  2) Newey–West heteroskedasticity consistent covariance matrix로 계열상관과 이분산을 잡아준 결과임.

는 결론을 도출할 수 있다.

이에 대해 '문제는 정규직이 아닌 대기업 정규직이다'는 반론이 있을 수 있다. 그러나 '10인 이상 사업체 상용직' 대신 '500인 이상 사업체 상용직' 임금을 설명변수로 사용한 (모형 3)에서도 정규직 임금은 유의미하지 않다. 따라서 "대기업 정규직 임금인상 역시 비정규직 증가를 가져오지 않았다"고 결론지을 수 있다.

이 밖에 1989년부터 분석한 (모형 2)에서 최저임금은 1% 유의수준에서 유의미한 (−)인데, 1993년부터 분석한 (모형 3)에서 최저임금이 5% 유의수준에서 유의미하지 않고 10% 유의수준에서 유의미한 (−)인 것은, 1994년부터 최저임금 영향률이 0~2%로 매우 낮게 설정된 데 기인하는 것으로 해석된다.

비정규직 문제를 해결하려면 정규직의 임금양보와 고용유연화가 선행되어야 하는가?

'정규직 고임금, 과보호론'은 '비정규직 문제를 해결하려면 정규직의 임금양보와 고용유연화가 선행되어야 한다'는 신화로 이어진다. 정규직 노동시장이 유연하다는 점은 이미 살펴봤으므로, 여기서는 정규직 고임금론을 중심으로 살펴보도록 한다. 정규직 고임금론은 19세기에 유행한 낡은 '임금기금설'의 한 변종이다. 노동자들이 가져갈 몫은 정해져 있는데, 비정규직들이 극도로 낮은 임금을 지급받는 것은 그만큼 정규직들이 많이 가져갔기 때문이라는 것이다. 이러한 '임금기금설'이 타당성을 가지려면 적어도 노동소득 분배율이 하락하지 않았어야 한다. 그러나 취업자 대비 노동자 비중은 1998년 61.7%에서 2003년 65.1%로 증가했음에도, 노동소득 분배율은 1996년 63.4%를 정점으로 2003년 59.7%로 하락했다. 정규직 노동자들이 비정규직 노동자들의 몫을 떼어간 것이 아니라, 기업주들이 비정규직 노동자들의 몫을 떼어간 것이다([그림7] 참조).

이에 대해 '기업주들이 비정규직 몫을 떼어간 것은 사실이지만 정규직도 생산성을 상회하는 임금인상 등으로 비정규직 몫 가운데 일부를 떼어갔다'는 반론이 있을 수 있다. 〈표7〉은 노동소득 분배율 증감 요인을 규명하기 위해 시계열 분석한 결과이다. 실증분석 결과 노동소득 분배율은 취업자 대비 노동자 비중과 노조 조직률이 증가하면 개선되고, 경제성장률과 비정규직 비율이 증가하면 악화

정규직 고임금론은 19세기에 유행한 낡은 '임금기금설'의 한 변종이다.

취업자 대비 노동자 비중은 1998년 61.7%에서 2003년 65.1%로 증가했음에도, 노동소득 분배율은 1996년 63.4%를 정점으로 2003년 59.7%로 하락했다. 정규직 노동자들이 비정규직 노동자들의 몫을 떼어간 것이 아니라, 기업주들이 비정규직 노동자들의 몫을 떼어간 것이다.

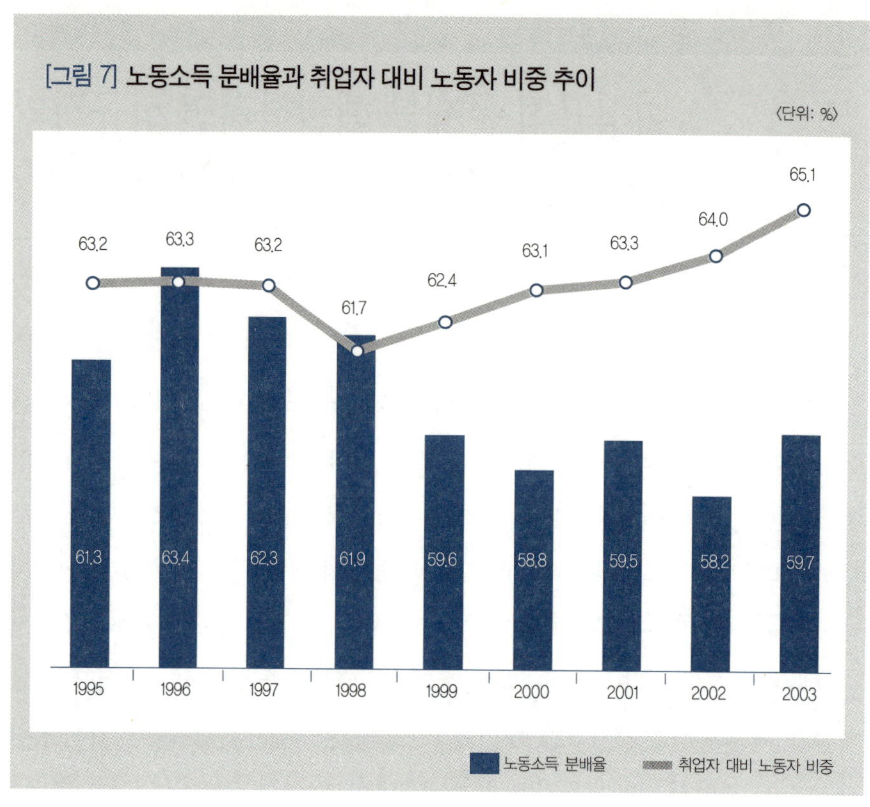

[그림 7] 노동소득 분배율과 취업자 대비 노동자 비중 추이

성장론자들은 '경제가 성장하면 물이 흘러넘치는 효과로 소득분배 구조가 개선된다'고 주장한다. 그러나 경제성장 자체만으로는 소득분배 구조가 개선되지 않고, 오히려 악화 요인으로 작용하고 있다. 취업자 대비 노동자 비중이 증가하고, 노조 조직률이 제고되고, 비정규직 비율이 감소해야 노동소득 분배율은 개선된다.

되며, 산업구조 변화와 실업률은 5% 유의수준에서 유의미한 영향을 미치지 않고, 정규직 임금인상률과 '생산성을 초과하는 임금인상'은 10% 유의수준에서도 유의미한 영향을 미치지 않고 있다.

성장론자들은 '경제가 성장하면 물이 흘러넘치는 효과(trickle-down effect)로 소득분배 구조가 개선된다'고 주장한다. 그러나 경제성장 자체만으로는 소득분배 구조가 개선되지 않고, 오히려 악화 요인으로 작용하고 있다. 취업자 대비 노동자 비중이 증가하고, 노조 조직률이 제고되고, 비정규직 비율이 감소해야 노동

〈표 7〉 시계열 분석 결과

〈1975~2003년, N=29〉

D(EIDRt)	노동소득 분배율 증가	(모형 1) GLS	(모형 2) GLS	(모형 3) GLSC상수
C	상수	0.032(0.011)**	0.032(0.012)*	0.032(0.012)*
D(LGDPt)	실질 GDP 증가율	−0.220(0.046)***	−0.212(0.059)**	−0.213(0.055)***
URt	실업률	−0.004(0.002)	−0.004(0.002)	−0.004(0.002)
D(PLABEMPt)	취업자 대비 노동자 비중 증가	0.005(0.002)**	0.005(0.002)*	0.005(0.002)**
D(PIND2t)	광공업 취업자 비중 증가	0.004(0.002)*	0.004(0.002)	0.004(0.002)
D(TUDt)	노조 조직률 증가	0.005(0.001)***	0.005(0.001)**	0.005(0.001)***
D(PIRREGt)	비정규직 비율 증가	−0.003(0.001)***	−0.003(0.001)***	−0.003(0.001)***
D(LRWAt)	10인 이상 사업체 상용직 실질임금인상률		−0.008(0.029)	
D(LRWAt) −D(LGDPEt)	10인 이상 사업체 상용직 실질임금인상률 − 취업자 1인당 실질 GDP 증가율			−0.020(0.022)
AR(1)		0.266(0.102)*	0.266(0.102)*	0.266(0.100)*
조정된 R²		0.478	0.488	0.491
LM test : NR²(p값t)		0.601(0.438)	0.017(0.895)	0.009(0.924)

주 : 〈표 6〉과 동일

소득 분배율은 개선된다. 1996년까지 증가하던 노동소득 분배율이 1997년 이후 하락한 것은, 노조 조직률이 하락하고, 비정규직 비율이 큰 폭으로 증가한 데 기인한다. 이에 비해 정규직 임금인상률과 '생산성을 초과하는 임금인상'은 통계적으로 유의미하지 않다. 따라서 정규직이 비정규직 노동자들 몫 가운데 일부를 떼어갔다는 증거는 발견되지 않는다.

그렇다면 '대기업 정규직 노동자들은 중소영세업체 비정규직 문제에 대해 아무런 책임이 없고 무관심해도 된다는 얘기냐'는 반론이 있을 수 있다. 물론 그렇지 않다. 대기업 정규직 노동자들에게도 책임은 있다. 그러나 대기업 노동자들은 가해자 내지 원인 제공자로서가 아니라, 당장 발등에 떨어진 불을 끄기에도 급급한 나머지 상대적으로 무관심했거나, 힘이 모자라 정부와 재계가 주도한 비정규직 남용과 차별 확산을 막지 못했다는 점에 책임이 있다. 비정규직 문제 해결에 관한 정부의 올바른 정책 의지를 기대할 수 없고, 비정규직 노동자들 스스로 자신을 보호할 역량을 갖추지 못한 상태에서, 이제 대기업 정규직 노동자들이 나서야 한다. 노동자 계급 내부적으로 통일 단결의 기반이 무너지는 것을 더 이상 방치할 수 없기 때문이다.

금년 상반기에는 대기업 정규직 노조들이 비정규직 문제 해결에 나서기 시작했음을 보여주는 많은 사례들이 있었다. 금호타이어 등에서는 정규직 노조가 적극 나서 비정규직을 정규직으로 전환했고, 민주노총 집계에 따르면 2004년 9월 현재 단체교섭을 타결한 400개 노조 가운데 136개 노조(34%)에서 비정규직 정규직화와 차별철폐, 균등대우, 비정규직 임금인상 등에 합의했으며, 사회공헌기금을 사회적 의제로 제기했고, 과거 어느 때보다 최저임금제에 대한 관심이 높았다. 앞으로 한국의 노동조합운동은 '계급적 단결'을 기치로 연대임금정책을 확립하고, 비정규직 남용과 차별을 막는 데 앞장서야 할 것이다.

비정규직을 늘리면 기업의 경쟁력이 제고되는가?

지난 10여 년 동안 정부와 기업이 비정규직 증가에 적극적이었던 배경에는 '비정규직 고용을 늘리면 인건비가 절감되고 유연성이 증대되어 기업의 수익성과 경쟁력이 제고 된다' 는 믿음이 전제되어 있었다. 그러나 지금까지 비정규직 고용이

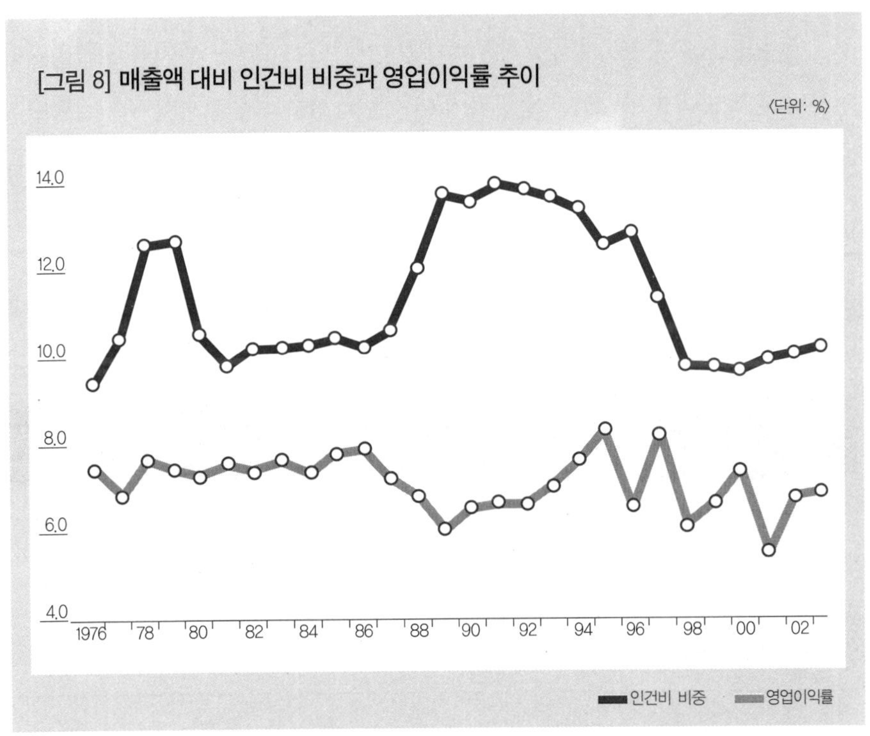

[그림 8] 매출액 대비 인건비 비중과 영업이익률 추이

기업의 경영성과를 개선했다는 증거는 발견되지 않는다.

신장섭·장하준(2003)은 한국은행,『기업경영분석』에서 매출액 대비 영업이익률과 인건비 비중을 비교한 뒤, '외환위기 이후 제조업체 인건비 비중은 대폭 하락했지만 기업의 경쟁력이 향상되었다는 증거는 발견되지 않는다' 고 결론짓고 있다. 실제로 [그림 8]에서 제조업체의 매출액 대비 인건비 비중은 외환위기 이전(1990~97년) 12.6~14.0%에서 외환위기 이후(1998~2003년) 9.8~10.3%로 3~4% 감소했지만, 영업이익률은 6.5~8.3%에서 5.5~7.4%로 감소했다. 더욱이 1976년부터 2003년까지 영업이익률과 인건비 비중 사이에 상관계수는 0.085이고, 영업이익률 증가와 인건비 비중 증가 사이에 상관계수는 0.198로, 통계적으로 유의미한 상관관계는 발견되지 않는다.

권순식(2003)은 182개 상장 제조업체를 대상으로, 비정규직 비율과 비정규직 인사관리 제도화가 기업의 경영성과에 미치는 영향을 회귀분석한 뒤, '비정규직 고용은 기업의 수량적 유연성을 증대시키고 노무비율을 감소시키지만, 이직률을

〈표 8〉 비정규직 비율과 인력관리 제도화가 경영성과에 미치는 영향 분석 결과

	수량적 유연성	노무 비율	이직률	노동 생산성	영업 이익률	영업 이익률
수량적 유연성						−0.03
노무비율						0.79*
자발적 이직률						−0.02*
노동생산성						0.08**
비정규직비율	2.63*	−0.11**	6.66**	−2.03*	−0.58*	−0.16
비정규직제도화	−0.80**	0.02*	−0.95*	0.92***	0.17*	0.04
모형의 설명력	0.36	0.23	0.25	0.28	0.14	0.25

자료 : 권순식(2003)에서 재인용. 다른 변수는 생략.

증가시키고 노동생산성을 하락시켜, 영업이익률에 통계적으로 유의미하지는 않지만 부정적 영향을 미치고 있다. 비정규직 인사관리 제도화는 기업의 수량적 유연성을 낮추고 노무비율을 높이지만, 이직률을 감소시키고 노동생산성을 증가시켜, 영업이익률에 통계적으로 유의미하지는 않지만 긍정적 영향을 미치고 있다. 따라서 장기적인 이익 증대를 원하는 경영자는 가능한 한 비정규직 고용 증대를 피하는 것이 좋으며, 만약 피치 못해 비정규직을 고용한다 하더라도 운용에 있어 보다 신중하여야 한다'고 결론짓고 있다.

일자리 창출이 중요하므로
비정규직 고용을 늘려야 한다?

2004년 상반기에는 민주노총이 배제된 상태에서 '일자리 만들기 사회협약' 이 체결되었다. 당시 재정경제부 장관은 '일자리 창출이 중요하므로 비정규직으로라도 고용을 늘려야 한다' 고 주장했다. 그러나 [그림 9]에서 알 수 있듯이 비정규직 비율과 실업률, 취업률 증가 사이에 유의미한 상관관계는 발견되지 않는다(상관계수 0.008과 −0.052). 비정규직을 늘린다고 해서 실업률이 감소하거나 취업률이 증가하지 않는 것이다.

최근 우리 사회에서는 청년실업 문제와 중소영세업체 인력난이 병존하는 등 인력수급구조 불일치 문제가 발생하고 있다. 청년실업 문제는 양적으로 일자리가 부족해서가 아니라, 청년층의 학력수준은 전반적으로 높아졌음에도 이들의 눈높이에 걸 맞는 양질의 일자리(decent work)가 끊임없이 파괴되고, 기업의 고용 관행이 경력자를 선호하는 방향으로 변화한 데서 비롯된다. 중소영세업체 인력난은 앞날을 기약하기 힘든 맹목적인 일자리(dead-end job)에 취업하느니 차라리 실업자나 비경제활동인구로 남아 있기를 택한 데서 비롯된다. 사회 일각에서는 청년층에게 눈높이를 낮추라고 주문하지만, 인적자본론에 따르더라도 이러한 '눈높이론' 은 불합리하다. 더욱이 눈높이를 낮추어 중소영세업체, 비정규직 일자리를 갖는다고 해서, 더 나은 일자리가 보장되는 것도 아니다. 비정규직 일자리

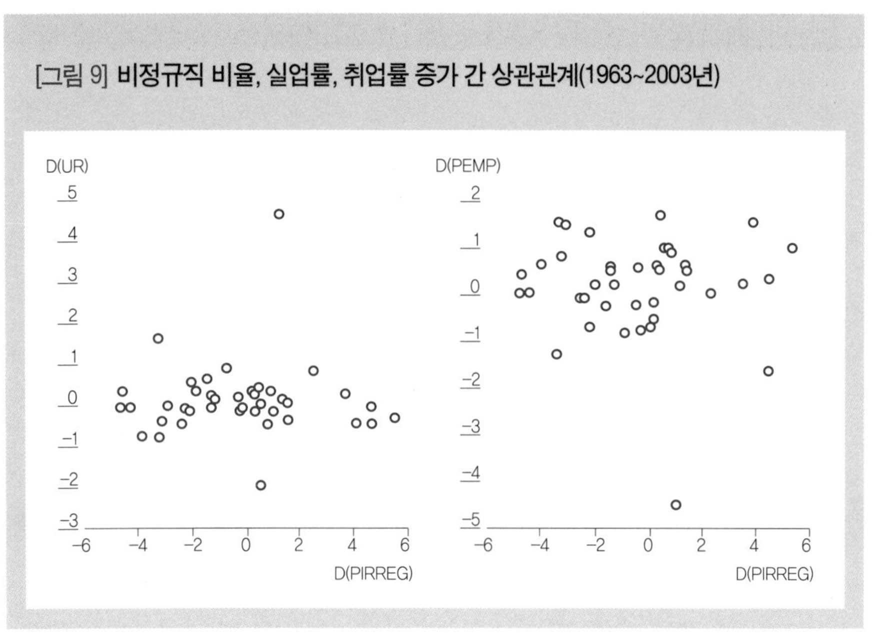

는 정규직으로 옮아가는 징검다리(step) 노릇을 하기보다는 한번 빠지면 헤어나기 힘든 함정(trap)으로 기능하고(남재량·김태기 2000), 비정규직 취업 경험은 이후 비정규직으로 재취업할 가능성을 높이고 임금수준에 부정적 영향을 미치기 때문이다(이병희 2002; 전용석·김준영 2004). '비정규직으로라도 일자리를 늘려야 한다'는 식으로는 결코 청년실업 문제와 중소영세업체 인력난을 해결할 수 없다. 양질의 일자리를 창출할 때만 문제 해결이 가능하다.

'비정규직으로라도 일자리를 늘려야 한다'는 식으로는 결코 청년실업 문제와 중소영세업체 인력난을 해결할 수 없다. 양질의 일자리를 창출할 때만 문제 해결이 가능하다.

권순식. 2003. "비정규직 고용이 기업성과에 미치는 영향에 관한 실증 연구." 고려대학교 대학원 경영학과 박사학위 논문.

김유배. 2000. "소득 분배구조 개선을 위한 정책방향." 대통령비서실 삶의질향상기획단 주관, 소득분배구조 개선을 위한 정책토론회 기조연설문.

김유선. 2000. 『최저임금제 개선방안』. 전국민주노동조합총연맹.

______. 2001. 『임금정책』. 한국노동조합총연맹.

______. 2003a. "한국과 미국의 노동시장 유연성 비교." 『노동사회』 74호(3월).

______. 2003b. "한국 노동시장의 비정규직 증가원인에 대한 실증연구." 고려대학교 대학원 경제학과 박사학위 논문.

______. 2003c. "비정규직 증가원인." 『사회경제평론』 21호(10월).

______. 2003d. "비정규직 규모와 실태: 경제활동인구조사 부가조사(2003.8) 결과." 『노동사회』 82호(12월).

______. 2004a. 『노동시장 유연화와 비정규직 고용』. 한국노동사회연구소.

______. 2004b. "외환위기 이후 파업발생 증가 원인." 한국경제학회 제11차 국제학술대회(8월) 발표문.

______. 2004c. "비정규직 규모와 실태: 경제활동인구조사 부가조사(2004.8) 결과." 『노동사회』 93호(11월).

______. 2004d. "비정규직 고용에 대한 여섯 가지 신화." 『노동사회』 93호(11월).

______. 2004e. "노동소득 분배구조 개선을 위한 정책과제." 사회경제학계 공동학술대회(11월) 발표문.

______. 2005(근간). "노동시장의 구조변화와 비정규직." 최장집 편. 『위기의 노동: 한국 민주주의의 취약한 사회경제적 기반』. 후마니타스.

남재량 · 김태기. 2000. "비정규직, 가교(bridge)인가 함정(trap)인가?" 『노동경제논집』 23권 4집.

노동부. 각년. "매월노동통계조사."

______. 각년. "임금구조기본통계조사."

미상. 2003. "노동시장 유연성의 국제비교." 노동부 연구용역 보고서.

신장섭 · 장하준. 2003. "한국 금융위기 이후 기업구조조정에 대한 비판적 평가." 『한국경제의 분석』 9권 3호.

이병희. 2002. "노동시장 이행 초기 경험의 지속성에 관한 연구." 『노동정책연구』 2권 1호.

전용석 · 김준영. 2004. "청년층의 노동이동과 노동시장 성과: 초기 노동시장 경험이 노동시장 성과에 미치는 영향분석." 중앙고용정보원 청년패널 심포지엄 발표문.

최장집. 2004. "한국 민주주의의 취약한 사회경제적 기반." 『아세아연구』 47권 3호(통권 117호).
통계청. KOSIS.
＿＿＿. 각년. "경제활동인구조사."
한국은행. 각년. "국민계정."
＿＿＿＿. 각년. 『기업경영분석』.

Aghion, Philippe and Patrick Bolton. 1997. "A Theory of Trickle-Down Growth and Development." *Review of Economic Studies* 64:151-72.

Aghion, Philippe, Eve Caroli, and Cecilia Garcia-Penalosa. 1999. "Inequality and Economic Growth : The Perspective of the New Growth Theories." *Journal of Economic Literature* 37: 1615-60.

Aidt, Toke and Zafiris Tzannatos. 2002. *Unions and Collective Bargaining : Economic Effects in a Gloal Environment.* The World Bank.

Alesina, Alberto and Dani Rodrik. 1994. "Distributive Politics and Economic Growth." *The Quarterly Journal of Economics*: 465-90.

Alesina, Alberto and Roberto Perotti. 1996. "Income Distribution, Political Instability, and Investment." *European Economic Review* 40: 1203-28.

Barro, Robert J. 2000. "Inequality and Growth in a Panel of Countries." *Journal of Economic Growth* 5: 5-32.

Chircos, Theodore. 1987. "Rates Od Crime and Unemployment: an Analysis of Aggregate Research Evidence." *Social Problems* 34: 187-211.

Deininger, Klaus and Pedro Olinto. 2000. "Asset Distribution, Inequality, and Growth." *World Bank Paper.*

Forbes, Kristin J. 2000. "A Reassessment of the Relationship Between Inequality and Growth." *The American Economic Review* 90(4): 869-87.

Freeman, Richard B. 1999. "The Economics of Crime." Orley Ashenfelter and David Card eds. *Handbook of Labor Economics*, vol. 3.

Freeman, Richard B. and Lawrence F. Katz. 1995. "Introduction and Summary." Richard B. Freeman and Lawrence F. Katz eds. *Differences and Changes in Wage Structures.* The University of Chicago Press.

Galor, Oded and Joseph Zeira. 1993. "Income Distributions and Macroeconomics." *Review of Economic Studies* 60: 35-52.

Golden, Lonnie. 1996. "The Expansion of Temporary Help Employment in the US, 1982-1992 : a

Test of Alternative Economic Explanations." *Applied Economics* 28: 1127-41.

Gould, Eric, Bruce Weinberg, and David Mustard. 1998. "Crime Rates and Local Labor Market Opportunities in the United States: 1979-1995." *Mimeo*(NBER Labor Studies Summer Conference).

Land, K. C., Patricia McCall, and Lawrence Cohen. 1990. "Structure Covariates of Homicide Rates : Are There Any Invariances Across Time and Social Space?" *American Journal of Sociology* 95(4): 922-63.

Low Pay Commission. 2003. *The National Minimum Wage: Fourth Report of the Low Pay Commission.*

Mishel, Lawrence, Jared Bernstein, and Heather Boushey. 2003. *The State of Working America 2002/2003.* Economic Policy Institute.

OECD. 1998. "Making the Most of the Minimum : Statutory Minimum Wages, Employment and Poverty." *OECD Employment Outlook*, OECD.

_____. 1999. *Employment Outlook 1999.*

_____. 2004. *Employment Outlook 2004.*

Perotti, Roberto. 1993. "Political Equilibrium, Income Distribution, and Growth." *Review of Economic Studies* 60: 755-76.

Persson, Torsten and Guido Tabellini. 1994. "Is Inequality Harmful for Growth?" *The American Economic Review* 84(3): 600-621.

Saget, Catherine. 2001. "Is the Minimum Wage an Effective Tool to Promote Decent Work and Reduce Poverty? The Experience of Selected Developing Countries." *ILO Employment Paper* 13.

US BLS. 2004. "Hourly Compensation Cost for Production Workers in Manufacturing"

한국노동자의 임금실태와 임금정책

지은이 | 김유선
제1판 1쇄 발행 2005년 3월 15일

펴낸이 | 정민용
편집 | 안중철 · 권희철
제작영업 | 김재선
표지 · 본문디자인 | 서 진
펴낸곳 | 도서출판 후마니타스
등록 | 2002년 2월 29일 제6-0449호
주소 | 서울시 종로구 이화동 27-18 2층(110-500)
편집 | 02-766-9990   제작 · 영업 | 02-766-9960 팩스 | 02-766-9910

ISBN 89-90106-08-7 03300 값 15,000원